Ingrid Buschmann

Schlaue Mädchen Coole Jungs

... ticken in der Schule anders

UEBERREUTER

Bildnachweis

Seite 9	© Tomasz Trojanowski / Fotolia
Seite 17	© photofey / Fotolia
Seite 33	© Jose Manuel Gelpi / Fotolia
Seite 65	© Dmitry Naumov / Fotolia
Seite 99	© Maria.P. / Fotolia
Seite 115	© Anton Zabielskyi / Fotolia
Seite 141	© LE image / Fotolia

Das säurefreie und alterungsbeständige Papier EOS liefert Salzer, St. Pölten
(hergestellt aus chlorfrei gebleichtem Zellstoff aus nachhaltiger Forstwirtschaft).

ISBN 978-3-8000-7507-2

Covergestaltung: Thomas Esterer, www.bueroesterer.com
Coverfoto: iStockphoto.com / Jeffrey Smith, subjug

Gedruckt in Österreich
7 6 5 4 3 2 1

Ueberreuter im Internet: www.ueberreuter.at

Inhalt

Einleitung

Die Zeiten sind wohl endgültig vorbei, in denen allein die Tatsache, dass man als Junge geboren wurde, schon zu den schönsten Hoffnungen berechtigte. Bei vielen Schuljungen scheint diese Botschaft noch nicht so richtig angekommen zu sein, jedenfalls überlassen sie, wenn es um gute Schulnoten oder anspruchsvolle Schulabschlüsse geht, den Mädchen scheinbar kampflos das Feld.

Umgekehrt sind auch die Mädchen noch nicht in der Lage, aus ihrer schulischen Überlegenheit die nötige Zuversicht zu schöpfen. Ganz im Gegenteil, sie plagen sich mit Selbstzweifeln, machen sich abhängig von den oft spöttischen, abwertenden Kommentaren ihrer Klassenkameraden und schöpfen so ihr volles Potenzial nicht aus.

Die Gesetzeslage hat sich längst zugunsten der Mädchen und Frauen geändert: Sie räumt den Mädchen und Frauen grundsätzlich die gleichen Rechte wie den Buben und den Männern ein. Gleichwohl überschatten nach wie vor längst überholte Vorstellungen davon, wie ein Mädchen oder ein Junge zu sein hat, die Lebensfreude unserer Kinder, behindern ihre Persönlichkeitsentwicklung und – nicht zuletzt – die Leistungsbereitschaft in der Schule.

Warum, so wird man sich fragen, halten sich Klischeevorstellungen von angeblich weniger gescheiten Mädchen und verehrungswürdigen Burschen so hartnäckig?

Ein Grund, warum die Realität in Fragen der Gleichberechtigung noch weit hinter der Gesetzeslage zurückbleibt, liegt zweifelsohne in einer traditionellen Erziehung des Nachwuchses.

90 Prozent aller Eltern orientieren sich bei der Erziehung ihrer Kinder an den Erziehungsgewohnheiten ihrer eigenen Eltern, so nach dem Motto: »Was mir nicht geschadet hat, wird auch meinem Kind nicht schaden.« Das kann sehr gut und richtig sein, es kann aber auch sein, dass damit ungünstige Erziehungsmuster quasi von einer Generation auf die nächste übertragen werden. Die Erziehungswissenschaft hat in den letzten Jahren – vor allem mithilfe wissenschaftlicher Untersuchungsmethoden – viele Erkenntnisse über unterschiedliche Lern-

voraussetzungen bei Mädchen und Buben gewonnen. Im Gegensatz zu den sehr begrenzten persönlichen Erfahrungen mit der eigenen Erziehung fließen in wissenschaftliche Untersuchungen die Erfahrungen von sehr vielen Personen ein. Ich stütze mich vor allem auf solche Ergebnisse. Die konkreten Tipps zur Umsetzung bitte ich als Anregung zu verstehen.

Aber, so wird man sich fragen, brauchen Eltern, die ihr Kind von Herzen lieben, wissenschaftliche Erkenntnisse darüber, was gut und förderlich ist für ihre Töchter und Söhne?

Auch die besten aller Eltern und die besten aller Lehrerinnen und Lehrer können sich noch immer unbewusst von Vorstellungen leiten lassen, wie in unserer Gesellschaft ein Bub oder ein Mädchen zu sein hat.

Die Liebe der Eltern zu ihren Kindern ist jedenfalls nicht nur ein romantisches Gefühl, sondern die beste Voraussetzung für das Lernen überhaupt. Warum das so ist, erfahren Sie gleich im nächsten Kapitel.

Kapitel 1

Baby und der »kleine Unterschied«

Männliche Babys erhalten schon vom ersten Tag ihres Lebens an mehr Aufmerksamkeit

Nur ein kleiner Unterschied?

Wenn Eltern ihr neugeborenes Baby streicheln, küssen, mit ihm lachen, es vielleicht kitzeln oder ihm etwas vorsingen, kurz, wenn sie sich dem Neuankömmling so zuwenden, wie es liebende Eltern gewöhnlich tun, dann ist das alles andere als reine Zeitverschwendung, sondern das Allerbeste, das sie ihrem Kleinen mit auf den Weg in sein neues Leben geben können.

Viele Untersuchungen zeigen, was erfahrene Mütter oft bestätigen: Schon vor der Geburt bewegen sich Buben mehr und schon bald nach der Geburt sind sie schwieriger. Sie schreien mehr, reagieren empfindlicher und machen stärker auf sich aufmerksam. Sie sind durchschnittlich ausdrucksstärker und können so ihre Gefühle besser zum Ausdruck bringen als Mädchen. Sie erfahren schon deswegen mehr Aufmerksamkeit und Zuwendung von ihren Eltern. »Ich bin nun einmal auf der Welt, kümmert euch gefälligst um mich«, scheinen Baby-Buben zu fordern. Baby-Mädchen geben sich von Geburt an eher bescheiden, sie freuen sich, wenn man sich ihnen zuwendet, aber wenn nicht, dann finden sie sich leichter damit ab. Mädchen sind ausgeglichener und im Allgemeinen »pflegeleichter«. Eine Lappalie? Vielleicht für einen Erwachsenen, nicht so aus der Perspektive des Babys.

Babys haben es nicht leicht

Wenn ein Kind zum ersten Mal das Licht der Welt erblickt, sind Eltern, Freunde und Bekannte vor allem an »Babys kleinem Unterschied« interessiert. Nach der Geburt lautet die erste Frage fast immer: »Ein Bub oder ein Mädchen?«, und die Eltern sind sehr bemüht, das Geschlecht ihres Kindes durch entsprechende Farben auch äußerlich sichtbar zu machen. Manchmal auch durchaus diskriminierend, wenn zum Beispiel an einem Haus, in dem ein Mädchen geboren wurde, der Hinweis »zum Büchsenmacher« angebracht wird.

Neun Monate lang lebt so ein kleines Menschlein wohlbehütet, perfekt versorgt mit allem, was zu seiner Entwicklung und seiner Sicherheit notwendig ist, quasi in einer »All-inclusive-Situation« im Bauch seiner

Mutter, bis zum Tag seiner Geburt, an dem das »All-inclusive-Band« zerschnitten wird und unser Baby zur Welt kommt. Sehr zur Freude seiner Eltern, aber unser Baby? Kein ungehinderter Zugang mehr zu Mamas perfekt gefülltem »Vorratsschrank«. Nun spürt es zum ersten Mal Kälte, Hunger, Durst, vielleicht auch körperliches Unwohlsein, und es hat Menschen um sich herum, die unser Neuankömmling noch gar nicht verstehen kann. Ihm geht es wahrscheinlich so ähnlich wie einem Europäer, der mitten in China gelandet ist, der weder die Sprache noch die Schrift der Menschen um ihn herum verstehen kann und sehr hungrig und müde ist, der vielleicht auch Schmerzen hat und seine Bedürfnisse nicht artikulieren kann. Wie gut, wenn in einer solchen Situation jemand da ist, der sich zumindest bemüht, den Fremdling zu verstehen, und der auch bereit ist, ihm zu helfen. Unserem Baby geht es nicht wesentlich anders. Einstweilen kann unser Baby nur mit Geschrei, mit seiner Mimik oder mit heftigem Strampeln auf seine Gefühle, etwa von Angst, Unsicherheit, auf Schmerz oder auf seine Bedürfnisse nach Ruhe, Unterhaltung, Nahrung usw. aufmerksam machen. Gut, dass es die wohlvertraute Stimme seiner Mutter erkennt; immerhin, die gibt es noch. Noch beruhigender für unser Baby, wenn es bald spürt, dass sich die Mama oder der Papa immer wieder bemühen, seine kleinen oder größeren Kümmernisse zu verstehen, noch besser, wenn sie allmählich lernen, die »Sprache« des Säuglings zu verstehen, wenn sie also »Babyisch« lernen.

Babys erste Erfahrung: »Ich kann jemanden herbeirufen, der mir hilft«

Es kann sich wohl jeder vorstellen, welchen entscheidenden Vorteil ein Baby im Verlauf seines ganzen Lebens davon hat, wenn es auf einfühlsame und engagierte Eltern trifft. Diese erste Erfahrung von Wirksamkeit – »Wenn es mir schlecht geht, kann ich jemanden herbeirufen, der mir hilft« – vermittelt ein grundlegendes Gefühl der Zuversicht. Diese basale Erfahrung, dass man nicht hilflos, sondern in der Lage ist, etwas zu bewirken, ist der wichtigste Grund, warum Menschen bereit sind, sich anzustrengen, sich zu bemühen. Dieses »Ich werde es schon schaffen, wenn ich mich bemühe« wird unser Neugeborenes ein Leben lang begleiten.

Vernachlässigten Babys wird es ähnlich ergehen wie einem Fremden in einem Land, in dem er sich nicht verständigen kann und in dem auch niemand wirklich an seinem Schicksal interessiert ist. Einen entscheidenden Nachteil hat jedoch ein Baby gegenüber einem Erwachsenen in ähnlicher Situation. Ein Erwachsener wird im Nachhinein, wenn er wieder festen Boden unter den Füßen hat, sich an seine Ängste erinnern und darüber nachdenken können, sodass sie sein Leben nicht oder nur temporär beeinträchtigen. Ein Baby kann das nicht. Wenn es dem Baby nicht gelingt, mit den wenigen Mitteln, die ihm zur Verfügung stehen, Hilfe herbeizuholen, unterscheiden sich seine ersten zwischenmenschlichen Erfahrungen grundsätzlich von unserem zuversichtlichen Baby: »Ist die Mama vielleicht gar nicht mehr da?« Was auch immer unser Baby probiert, es hat keinen Erfolg. Ob es nun eine nasse Windel oder Schmerzen hat oder hungrig ist, es kann an seiner misslichen Situation nichts ändern. Unser Baby wird sich hilflos fühlen und sich vielleicht auch fürchten.

Diese sehr frühen und intensiven Gefühle von Angst und Hilflosigkeit oder aber Gefühle von Erfolgszuversicht, wenn es gut für unsere jungen Erdenbürger läuft, prägen die Persönlichkeitsentwicklung des Kindes deswegen so entscheidend, weil unser Baby dies in einer Zeit erfahren hat, in der es noch nicht sprechen konnte. Frühe Gefühlserlebnisse wie angstauslösende Ereignisse, können so nicht im Gehirn gespeichert und zu einem späteren Zeitpunkt erinnert werden. Angstgefühle, Gefühle von Hilflosigkeit oder auch Gefühle der Zuversicht können so das Leben prägen, ohne dass ein rationaler Zugang zu den Quellen solcher Gefühle möglich ist.

Natürlich kann man eine solche frühkindliche Prägung auch noch zu einem späteren Zeitpunkt positiv beeinflussen, um den Kindern, die sich selbst wenig zutrauen, mehr Zuversicht zu vermitteln. Mehr davon vor allem in Kapitel 3.

Angst ist auch der Feind des Lernens

Wer seinen Nachwuchs möglichst früh fördern möchte, damit sich sein geistiges Potenzial optimal entwickeln kann, sollte vor allem versuchen, dem kleinen Erdenbürger seine Besorgnisse zu nehmen. Nur so kann das Kleinkind frei werden für seine kleinen Entdeckungen, kann es neue Eindrücke speichern und altersgemäß bewerten, also etwas lernen.

Ist so ein Kleinkind jedoch voll Zukunftsangst – »Wo ist denn nur die Mama, ist sie weg, kommt sie vielleicht nie wieder, was wird aus mir« –, dann ist sein Hirn ganz und gar mit elementaren Fragen des Überlebens beschäftigt: Zum Beispiel, wie man vielleicht die Mama oder den Papa wieder herbeiholen kann.

So wie ein Erwachsener, der wie in unserem fiktiven Beispiel in einem fremden Land gelandet ist, wird auch ein kleiner Erdenbürger vor allem von Gefühlen der Hilflosigkeit und Angst geplagt, und es käme ihm alles andere in den Sinn als Neues, Interessantes zu entdecken.

Spannen Sie also den Schirm der Sicherheit über ihrem Kleinkind auf, damit es frei wird, um die aufregende Welt in sich aufzunehmen.

Mehr Zuwendung schon für kleine Baby-Jungen – eine Lappalie?

Aus welchen Gründen Eltern ihren Söhnen mehr Aufmerksamkeit schenken als ihren Töchtern mag durchaus unterschiedliche Ursachen haben: Es könnte daran liegen, dass Baby-Buben schon vom Beginn ihres Lebens an stärker auf sich aufmerksam machen, weil sie besser in der Lage sind, ihre Gefühle auszudrücken, vielleicht auch daran, dass sie mehr gesundheitliche Probleme haben und sich schwerer an die neuen Lebensbedingungen anpassen können, oder auch daran, dass Eltern schon – unbewusst – dem heranwachsenden »Thronfolger« mehr Aufmerksamkeit schenken als ihrer Tochter. Der männliche Babynachwuchs hat jedenfalls im Durchschnitt häufiger die Möglichkeit, mit den ihm zur Verfügung stehenden Mitteln Hilfe herbeizuholen und sich selbst als wirksam zu erleben. Man kann sich gut vorstellen, dass Jungen so stärker als die Mädchen mit diesem grundsätzlichen Gefühl der Zuversicht ausgestattet werden, mit diesem für kleine Jungen in der Schulzeit eher typischen »Das werde ich schon packen«. Der häufige Kontakt mit Papa oder Mama, also die verstärkte Zuwendung zum Buben, reduziert aber auch Besorgnisse und Ängste. Sie sind somit offener dafür, die vielfältigen Reize in sich aufzunehmen und kognitiv zu verarbeiten.

Ihre Chancen, sich zu einer ängstlichen Persönlichkeit zu entwickeln, sind deutlich geringer.

Sind die Bedürfnisse der Babys vereinbar mit dem Wunsch oder der Notwendigkeit von Vater und Mutter, möglichst bald wieder in ihren Beruf einzusteigen?

Es spricht vieles dafür, ein Kind erst nach dem zweiten Lebensjahr, genauer erst dann, wenn man sich mit ihm verständigen kann, in eine Tagesbetreuung zu geben. Baby wird dann beruhigt sein, wenn man ihm zum Beispiel schon verdeutlichen kann: »Wenn der kleine Zeiger der Uhr auf der Vier steht« oder »Nach dem Mittagsschlaf kommt die Mama oder der Papa und holt dich wieder ab«.

Sollte das aus finanziellen Gründen nicht möglich sein oder ist auch der Wunsch nach einem Wiedereintritt ins Berufsleben sehr groß, ist es durchaus möglich, Babys Bedürfnisse und Mamas oder Papas Wünsche in Einklang zu bringen.

Es geht dabei um zwei sehr wichtige Aspekte, nämlich um *die Qualität der Einrichtung*, der man sein Kind anvertrauen will, und zum anderen um eine längere *Phase der Eingewöhnung.*

Je kleiner die Kinder sind, desto wichtiger ist es, dass kleine Gruppen (idealerweise vier bis sechs Kinder) gebildet werden und eine Betreuungsperson konstant bei den Kindern ist. Tagesstätten mit bis zu 20 Kindern, in denen die Kinder vielleicht noch dazu von ständig wechselnden Personen betreut werden, sind nicht akzeptabel. Das mag für einen Kindergarten hingenommen werden, aber nicht für Krabbelstuben. Es lohnt sich, nach einer guten Lösung für das Baby zu suchen. Vielleicht ist auch eine Tagesmutter, die neben ihren eigenen Kindern auch noch andere Kinder betreut, die bessere Lösung.

Solange Baby nicht weiß, dass es später am Abend wieder abgeholt wird, würde es sich ordentlich ängstigen. Es weiß ja nicht, dass Mama oder Papa wiederkommen (Gibt es die vielleicht gar nicht mehr?). Es geht also um eine behutsame *Eingewöhnungszeit*, in der entweder der Papa oder die Mama zunächst die ganze Zeit dabei ist. Dann wird man sich mal für kurze Zeit entfernen. Wenn das Baby nicht mehr beunruhigt reagiert, kann man etwas länger fernbleiben. Die Dauer muss sich hier an den Bedürfnissen des Babys orientieren. Erst wenn sich unser Nachwuchs daran gewöhnt hat, dass die Eltern mal weggehen, aber immer wieder zurückkommen, kann man beruhigt seine Arbeit verfolgen. Das kann manchmal sehr schnell gehen, manchmal dauert es auch ein wenig länger.

Wer sein Baby in einer Tagesbetreuung »abgibt«, wie man einen Koffer in der Gepäcksaufbewahrung deponiert, läuft Gefahr, seinem Kind nicht unerheblich zu schaden.

Kann man Kinder in dieser frühen Phase schon verwöhnen?

Die Zeiten, in denen jungen Müttern von den Hebammen noch der Rat mit auf den Weg gegeben wurde, Babys Geschrei nicht so viel Aufmerksamkeit zu schenken, sondern vielmehr Baby zunehmend länger schreien zu lassen, bis man sich ihm zuwendet, um es möglichst schnell an einen geregelten Rhythmus von Schlafens-, Zuwendungs- und Essenszeiten zu gewöhnen, sind noch nicht so lange vorbei. Aber schon damals haben viele Mütter eher auf ihre natürlichen mütterlichen Gefühle gehört, auch wenn die ältere Generation dies mit Kopfschütteln und Skepsis verfolgt hat. Die psychologischen Erkenntnisse über die Auswirkungen solcher zweifelhaften Erziehungsbemühungen in den ersten Lebensmonaten sind noch vergleichsweise jung. Heute weiß man mehr über die Folgen einer solchen »Dressur«. Das ist vor allem den Bindungstheoretikern wie Ainsworth, Bowlby und Bell zu verdanken, deren bahnbrechende Erkenntnisse bis heute ihre Gültigkeit nicht verloren haben.

So wichtig es ist, dem Babygeschrei in der vorsprachlichen Zeit seine Aufmerksamkeit zu schenken, da sich Baby doch noch nicht auf andere Weise verständlich machen kann, so bedenklich ist es, wenn man auf das Gebrüll eines Kleinkindes reagiert, das schon ganz gut weiß, wie es seinen Wünschen Ausdruck verleihen kann. Wenn etwa so ein Dreijähriger vor dem Eisschrank steht und mit deutlichen Gesten und einem »Eis, Eis« klar seine Wünsche nach dieser köstlichen Süßigkeit zum Ausdruck bringen kann, dann aber mit einem eher wütenden Gebrüll reagiert, wenn die Mama sagt: »Nein, nicht vor dem Essen«, dann ist es besser, ein solches Gebrüll zu ignorieren. Dass ein solches Geschrei nichts mit Angst oder Unsicherheit zu tun hat, merkt man schon daran, dass der Protest meistens sofort beendet ist, wenn die Erwachsenen den Raum verlassen.

Schon aus Liebe zum Kind sollte man verhindern, dass ein Kind lernt, mit Gebrüll oder später vielleicht mit kleinen »Erpressungsversuchen« seinen Willen durchzusetzen. Sonst könnte sich aus einem liebenswürdigen Kind bald ein kleiner Despot entwickeln, der später einmal schnell zum Außenseiter in seiner Gruppe werden kann.

Im folgenden Kapitel werden Sie mehr darüber erfahren.

TIPPS

- Wenn sich Babys melden, ist eine möglichst prompte Reaktion bei allen Babys wünschenswert, auch bei Baby-Mädchen. Hier sind manchmal sogar ein besonderes Engagement und auch viel Feinfühligkeit angebracht, um die vielleicht undeutlichen Signale nicht zu übersehen.
- Es ist sehr gut, wenn mehrere Vertrauenspersonen das Baby betreuen, wenn sich Papa und Mama abwechseln, wenn Omas und Opas auch mal helfen. Wenn Mama dann einmal krank ist und vielleicht ins Spital muss, ist Babys Kummer darüber weniger groß.
- Kinder, die mit wenig Zuversicht an neue Aufgaben herangehen, brauchen eine besondere Aufmerksamkeit. Aussagen, zum Beispiel wie »Ich glaube, das schaffst du nicht«, werden solche Kinder sofort glauben und sich entsprechend verhalten, also ihr Bemühen sogleich aufgeben. Oft genügt schon ein skeptischer Gesichtsausdruck oder später eine etwas unüberlegte Äußerung von einer Lehrerin oder einem Lehrer, damit mutlose Kinder »die Flinte ins Korn werfen«. Man wird auf solche Äußerungen achten müssen und sein Kind vor allem ermutigen, ihm deutlich machen, dass man fest an seine Fähigkeiten glaubt.

Kapitel 2

Schon als Kleinkinder ticken Jungen und Mädchen anders

Kleine Mädchen lieben die Harmonie

Tüftler oder Menschenfreund

In dieser frühen Zeit, in der unser Baby sich noch nicht mit uns verständigen kann, also ungefähr in den ersten zwei Jahren, entwickelt unser Nachwuchs auch schon bestimmte Vorlieben, die ebenfalls das Leben des Kindes begleiten werden, ohne dass dies dem Bewusstsein zugänglich ist.

Haben Sie sich schon einmal gefragt, warum erwachsene Menschen, ohne dass es ihnen so recht bewusst ist, immer wieder vor allem von Situationen angezogen werden, in denen sie ihre eigene Leistungsfähigkeit auf den Prüfstand stellen können? Ganz gleich, ob man Freude daran findet, Computerspiele auf zunehmend höherem Level zu spielen, immer schwierigere Kreuzworträtsel zu lösen, oder als Wissenschaftler etwas erforschen will, was noch keiner gefunden hat: Viele Menschen neigen dazu, sich auf diese oder eine ähnliche Art immer wieder zu erproben.

Warum finden es andere viel anregender, freundschaftliche Beziehungen zu anderen Menschen neu zu knüpfen oder zu pflegen, und warum sind andere nur dann an mitmenschlichen Kontakten so richtig interessiert, wenn sie sich dabei stark und überlegen vorkommen können? Diese drei grundlegenden Orientierungen können Sie schon in den ersten beiden Lebensjahren bei Ihrem Kind beobachten.

Während einige Babys eher an den Gegenständen in ihrer Umgebung interessiert sind, lieben es andere Babys mehr, sich mit den Personen in der unmittelbaren Umgebung zu beschäftigen.

Kleine Tüftler

Mehr oder weniger alle Babys und Kleinkinder schätzen die Nähe ihrer Bezugspersonen, also in aller Regel von Vater oder Mutter, weil ihre Nähe so etwas wie ein Schutzschirm ist, der es ihnen ermöglicht, die Welt zu erkunden. Unabhängig davon sind einige Babys oder Kleinkinder eher von Gegenständen in ihrer unmittelbaren Umgebung fasziniert. Sie können vergleichsweise lange ihr Interesse auf einen Gegenstand, zum Beispiel auf eine Rassel, richten, sie von allen Seiten betrachten und versuchen, Geräusche zu erzielen. Sie experimentieren mit Bausteinen, lassen diese immer wieder vom Tisch fallen oder probieren immer wieder etwas Neues aus. Man kann schon in dieser frühen Zeit erste Zeichen der Freude erkennen, wenn dem Kleinen jetzt etwas gelungen ist, was ihm zuvor nicht möglich war. Welch ein Triumph, wenn es zum ersten Mal gelingt, den Schlüssel ins Schloss zu schieben, Freude und auch schon ein wenig Stolz sind leicht zu erkennen: Unser Baby macht sich jetzt groß, reckt die Ärmchen nach oben und lächelt. Diese Gefühle von Freude und Stolz treiben unseren kleinen Erdenbürger nun immer wieder an, Neues zu probieren.

Man kann dieses überwiegende Interesse an Gegenständen, diese erkennbare Freude am Erfolg getrost schon als eine Vorstufe des Leistungsmotivs bezeichnen. Ist dieses Motiv dann noch mit der oben beschriebenen Zuversicht gekoppelt, dass man mit allen Schwierigkeiten schon zurechtkommen wird, wenn man sich nur lange und intensiv bemüht, dann sind das sehr günstige Voraussetzungen für das zukünftige schulische Lernen.

Wo Mädchen zweifeln und Jungen sich überschätzen

Diese Vorliebe, sich primär mit Gegenständen zu beschäftigen, schwierige Aufgaben zu lösen, das eigene Können immer wieder zu erproben, teilen sich Buben und Mädchen gleichermaßen. Hier gibt es keinen Unterschied, wohl aber unterscheiden sich Buben und Mädchen in der Ausprägung deutlich. Das heißt, dass Mädchen die gleiche Freude in der Auseinandersetzung mit herausfordernden Aufgaben erleben, aber sie sind deutlich weniger zuversichtlich, ihr Ziel auch zu erreichen. Sie neigen im Durchschnitt eher dazu, von vornherein zu resignieren. Bei schwierigen Aufgaben wird ein Bub es eher erneut versuchen, bis er es schafft. Mädchen schütteln oft schon den Kopf, bevor sie mit der Aufgabe beginnen: »Zu schwer für mich.« Buben hingegen neigen eher dazu, ihre Fähigkeiten zu überschätzen und Misserfolge stecken sie locker ein; da haben sie ein deutlich dickeres Fell als die Mädchen.

TIPPS

- Wenn Ihr Baby gerne die »Welt erkunden möchte«, sollten Sie sich darauf beschränken, dem Kind möglichst viel Freiraum für seine Entdeckungen zur Verfügung zu stellen. Unser Baby treibt dann seine Entwicklung von alleine voran. Es lernt beinahe täglich etwas, was es am Tag zuvor noch nicht konnte, es ist höchst zufrieden mit seinen kleinen Leistungen, und solche Gefühle von Stolz treiben unser Baby immer wieder an, Neues zu probieren. Würde man das Kind für kleine Erfolge belohnen, bestünde die Gefahr, dass unser Baby von äußeren Bekräftigungen abhängig wird, also nicht mehr deswegen die Welt erkunden und »begreifen« will, weil es interessant ist, sondern weil es sich eine Belohnung erwartet.
- Kritisch sind in diesem Zusammenhang sogenannte »Frühförderprogramme« zu sehen, die mit Belohnungssystemen darauf abzielen, einem Kleinkind etwas beizubringen, also es mehr oder weniger zu »dressieren«. Hier besteht immer die Gefahr, dass die natürliche Lernfreude eines Kindes zerstört wird und so mehr Schaden als Nutzen dabei herauskommt.
- Das Gleiche gilt später in der Schulzeit. Auch hier ist es besser, sich in das schulische Lernen jedenfalls so lange nicht einzumischen, wie das Kind offensichtlich mit Freude arbeitet und sich quasi selbst auf die Schultern klopft, wenn es etwas geschafft hat, ohne eine Hilfe in Anspruch zu nehmen. Auch hier ist keine Belohnung notwendig, allenfalls in der Form, dass sich Eltern erfreut darüber zeigen, dass ihr Kind so fleißig arbeitet.
- Bei der Bewältigung der zahlreichen Entwicklungsaufgaben, zum Beispiel alleine ankleiden, alleine essen usw., sollte man vor allem bei den Mädchen auf die Wortwahl achten. Also eher positiv im Sinne von: »Schau her, wie gut das schon klappt«, oder wenn es noch nicht gelingt, mit einem aufmunternden »Probier's noch einmal, ich glaube, dann wird's gelingen«. Wichtig ist dabei, dem Kind den Eindruck zu vermitteln, dass es die Fähigkeit hat, etwas zu bewirken.
- Eher ungünstig würde es sich auswirken, wenn dem Kind vor allem der Eindruck vermittelt würde, dass es dem Papa oder der Mama einen Gefallen tut, wenn es eine Aufgabe, zum Beispiel sich selbst

ankleiden, geschafft hat. Eine Äußerung wie »Da freue ich mich jetzt aber, dass du das schon kannst« vermittelt jedenfalls kaum die motivierenden Gefühle von Stolz und Zuversicht.

- Eltern neigen dazu, ihren Töchtern mehr und schneller als den Buben zu helfen, wenn sie mit einer Aufgabe nicht zurechtkommen. Ob hier unterschwellig noch immer die Vorstellung mitspielt, *sie* wird das nie schaffen, kann nicht so leicht geklärt werden. Fest steht, dass die indirekte Botschaft für das kleine Mädchen lautet: »Du wirst es nicht schaffen« oder »Wir trauen dir nicht zu, dass du das Problem alleine lösen kannst«. Ermunterungen, kleine Hinweise sind zielführend, aber das anregende Gefühl von Stolz über ein gelungenes Werk kann nur erlebt werden, wenn das kleine Mädchen es alleine geschafft hat.

Kleine Menschenfreunde

Unsere kleinen »Tüftler« brauchen nicht unbedingt eine zweite Person, die sich mit ihnen auseinandersetzt, um »happy« zu sein. Sie können sich sehr gut alleine beschäftigen. Kleine Menschenfreunde sind hingegen gar nicht glücklich, wenn sie nicht mit anderen Personen Kontakt aufnehmen können. Sie lieben es, wenn andere Personen sich um sie kümmern, sie freuen sich, wenn jemand ins Zimmer kommt und sich ihnen zuwendet, sie versuchen vielleicht schon mit kleinen Geräuschen (»rö, rö«) eine Konversation zu starten, sie sind nicht gerne alleine und am zufriedensten auf Papas oder Mamas Schoß. Je enger, je zärtlicher, je intensiver der Kontakt, umso besser. Natürlich werden auch solche Babys mal gerne mit Bauklötzchen spielen, aber so richtig glücklich sind sie erst, wenn sich andere Menschen ihnen zuwenden. Wenn sie schon mit Gegenständen spielen, dann lieber mit Mama, Papa, Oma, Opa, mit allen Menschen, die ihnen zugetan sind, zusammen. Hier zeichnet sich schon so etwas wie ein Anschlussmotiv ab, eine Vorliebe also, sich vor allem um liebevolle Beziehungen zu anderen Personen zu bemühen.

Solche Kinder werden in der Schulzeit lieber mit anderen Kindern zusammenarbeiten, ihre Hausaufgaben lieber bei Mama in der Küche als alleine im Zimmer erledigen. Typisch ist, dass sie bei Arbeiten im

Team lieber mit ihnen angenehmen Freunden zusammenarbeiten, auch wenn dadurch das Ergebnis der Arbeit geschmälert würde, weil eben nicht wie bei kleinen »Tüftlern« der Erfolg wichtig ist, sondern das Zusammensein, der erfreuliche Kontakt mit anderen Menschen.

Auch hier spielen die oben beschriebenen grundsätzlichen Orientierungen eine wichtige Rolle, also ob jemand eher zuversichtlich ist, Kontakte zu anderen Menschen aufnehmen zu können, oder sich eher davor fürchtet, bei solchen Versuchen zurückgewiesen zu werden. Zuversichtliche Kinder, die gerne mit anderen Kindern zusammen sind, werden leichter auf neue Kinder zugehen, haben mehr Chancen, soziale Erfahrungen im Umgang mit anderen Kindern zu machen, und erfreuen sich zunehmend größerer Beliebtheit. Ängstliche Kinder geraten leicht in einen Teufelskreis: Sie gehen weniger oft auf fremde Kinder zu, weil sie sich davor fürchten, zurückgewiesen zu werden, haben weniger Gelegenheit, Erfahrungen zu sammeln, und können zunehmend zu wenig geliebten Außenseitern werden.

Den anschlussmotivierten Kindern geht es grundsätzlich nicht so sehr darum, besonders toll, tüchtiger, überlegener, stärker, durchsetzungsfähiger oder anders zu sein als andere Kinder, sondern es geht vorwiegend um liebevolle Beziehungen.

Mädchen lieben eher die Harmonie

Dieses Motiv steht häufiger bei den Mädchen als bei den Jungen im Vordergrund. Das bedeutet nicht, dass Buben – wenn sie etwas älter sind – nicht so gerne mit Freunden unterwegs sind, aber dabei geht es mehr darum, den Rang in der Gruppe zu festigen. Bei den Mädchen hingegen spielen dann intime Freundinnen, mit denen man so manches Geheimnis teilt, denen man alles anvertrauen kann, eine wichtigere Rolle.

Das passt sehr gut zu Befunden aus anderen Studien: Bittet man Mädchen und Jungen, sich selbst zu beschreiben, so neigen Buben dazu, Besonderheiten herausstreichen, etwa: »Ich interessiere mich besonders für Mathematik.« Mädchen betonen hingegen eher Gemeinsamkeiten mit ihren Freundinnen, etwa »Ich gehe gerne mit meinen Freundinnen zum Basketball.« Sie streichen nicht gerne ihre Leistungen heraus. Wer neue Freunde kennenlernen will, kann das leichter durch eine bescheidenere Selbstdarstellung realisieren. Das kann auch Nachteile haben und so weit führen, dass sie eigene, spezifische Stärken, Interessen und Neigungen verleugnen und sich allmählich selbst unterschätzen.

TIPP

- Mädchen mit besonderen Interessen, Fähigkeiten, Neigungen verdienen besondere Aufmerksamkeit, denn sie tendieren dazu, sich selbst bescheiden darzustellen. Sie wollen eher so sein wie zum Beispiel ihre Klassenkameradinnen oder Freundinnen. Sie werden daher auch seltener von ihren Eltern in ihren besonderen Neigungen oder Fähigkeiten wahrgenommen und unterstützt. Für Eltern ist es daher wichtig, das »Besondere« ihrer Tochter nicht zu übersehen und geeignete Unterstützungen anzubieten. Sprechen Sie also mit Ihrer Tochter, wenn sich zum Beispiel eine kleine Sängerin, Tänzerin oder ein Sprachgenie »herauszubilden« scheint, und unterstützen Sie später die Schülerin, etwa indem Sie eine Schwerpunktschule für das Mädchen aussuchen, die den Neigungen und Fähigkeiten entspricht.

Kleine Tyrannen

Die grundsätzliche Vorliebe, sich lieber mit den Menschen in seiner Umgebung zu beschäftigen als mit Gegenständen, existiert auch in einer anderen Version.

Während einige Kinder gerne liebevolle Beziehungen zu fremden Menschen aufnehmen, lassen andere Kindern schon sehr früh eine Neigung erkennen, beim Umgang mit ihren Eltern oder mit anderen Vertrauenspersonen in ihrer Umgebung ihren Willen durchzusetzen. Man kann es in Supermärkten manchmal gut beobachten: Der kleine »Dreikäsehoch« thront vorne im Einkaufswagen und die geplagte Mama muss durch die »enge Gasse der süßen Verführungen« an die Kasse. Der Kleine zeigt aufgeregt auf die eine oder andere Süßigkeit und macht unmissverständlich klar, was er jetzt und sofort haben möchte.

Nun lassen sich einige Kinder eher mühelos von Mama ablenken oder akzeptieren auch schon ein klares »Nein«, andere haben längst eine perfekte Strategie entwickelt, das anfängliche »Nein« in ein »Vielleicht« oder »Später«, letztlich in ein »Na gut, da hast du es« umzuwandeln. Lautes Gebrüll erweist sich dabei als bevorzugtes Mittel, eine müde, geschaffte Mama zu erweichen, aber auch Schläge und Tritte werden schon eingesetzt. Missbilligende Blicke der anderen Wartenden tun ein Übriges, bis Mama ihrem Kind seinen Willen erfüllt.

Der Genuss für das Kind ist hier weniger der Lutscher – der fliegt oft schon nach kurzer Zeit auf den Boden –, sondern er besteht darin, dass man Mama dazu bringen konnte, etwas zu tun, was sie nicht wollte. Dieses Gefühl von Stärke und Überlegenheit ist hier die Belohnung.

Oder eine Beobachtung im Gasthaus:

»Eis, Eis«, brüllt der kleine Mann in seinem Hochstühlchen. Darauf sehr geduldig, aber bestimmt die Mama: »Nein, Eis ist nicht gut für dich«, und sie schüttelt energisch ihren Kopf. Tränen laufen über die kleinen Pausbacken und ein sehnsuchtsvoller Blick zur Oma folgt. Oma schiebt ihm schnell einen dicken Löffel Eis in den Mund: »Das wird ihm schon nicht schaden«, meint sie. Tut es doch, der triumphierende Blick zur strengen Mama macht schnell deutlich, wie sehr der Kleine nicht nur sein Eis, sondern auch seinen »Sieg« über die Mama genießt.

Kleine T-Shirts mit der Aufschrift »Wenn Mama oder Papa Nein sagen, frage ich Oma oder Opa« weisen sehr lustig auf diese kleine Strategie der Allerjüngsten hin. Toll, wenn man sich durch den Beistand von Oma oder Opa oder, wenn sich die Eltern nicht einig sind, auch von Papa als Sieger fühlen kann.

In dieser Ausprägung ist unser »kleiner Tyrann« alles andere als ein liebenswerter Mitmensch. Eltern müssen jedoch nicht besorgt sein, wenn sich ein kleiner Despot herauszubilden scheint. Das sich hier andeutende Machtmotiv hat zwei Seiten: Die eine Seite ist die oben geschilderte, sozial nicht verträgliche Seite, also wenn jemand Freude daran gewinnt, anderen Personen etwas aufzuzwingen, was diese Personen nicht wollen. Die erfreuliche Seite ist die helfende, soziale Seite. Wer anderen Menschen hilft, kann sich selbst als überlegen und stark erleben. Der Helfende fühlt sich immer überlegener als der, dem geholfen wird. Es sind dies auch Menschen, die später einmal bereit sind,

Verantwortung zu übernehmen, als Entwicklungshelfer, als Chef, als Arzt, also in allen helfenden Funktionen.

Man neigt dazu, ein sich hier abzeichnendes Machtmotiv eher der männlichen Seite zuzuordnen. Tatsächlich zeigen Untersuchungen, dass sich Männer und Frauen im Ausmaß nicht unterscheiden. Sehr wohl setzen Frauen typischerweise andere Mittel ein, um sich stark und mächtig fühlen zu können. Schon im Kindergarten setzen Jungen ihren Willen eher mit brachialer Gewalt durch: Da wird geschubst, getreten, da werden kleine Ringkämpfe ausgetragen, um den anderen Jungen klarzumachen, wer hier das Sagen hat.

Aber auch kleine Mädchen verfolgen das gleiche Ziel, wenn auch mit anderen Mitteln: Sie drohen eher mit dem Abbruch der Beziehung. Da werden etwa Neulinge in der Kindergartengruppe vom Spiel ausgeschlossen, da werden Freundinnen bestraft, weil sie nicht das spielen wollten, was unsere kleine Potentatin wollte: »Ich spiel nie mehr mit dir«, wird hier schon gedroht, da werden etwas später auch schon mal unwahre Gerüchte über ein anderes Kind verbreitet, und nicht selten halten mehrere Kinder zusammen, um ein anderes Kind zu ärgern. Der »Lohn« für diese ersten kleinen Schandtaten ist immer der Gleiche: sich selbst als bedeutsam und mächtig zu erleben.

Später im Berufsleben sind Intrigen unter den Frauen weit verbreitet, nicht selten ein Grund dafür, dass viele Frauen frühzeitig aus dem Berufsleben ausscheiden. Männer kämpfen eher mit »offenem Visier«.

TIPPS

- Damit aus unserem Tyrannen ein sozial verträglicher Mitmensch wird, ist es notwendig, unangemessenem Machtstreben des Nachwuchses möglichst früh und energisch entgegenzutreten, aber gleichzeitig dem Kind Möglichkeiten zu bieten, in sozial erfreulicher Weise Verantwortung in einer helfenden Funktion auszuüben. Einige Beispiele: auf jüngere Geschwister aufpassen, in der Schule einem schwächeren Kind helfen, ein Referat in der Schule halten usw. All das bietet dem machtmotivierten Kind einen zu seiner Motivstruktur passenden Anreiz, nämlich seine Überlegenheit zu demonstrieren.

- Wenn Ihr inzwischen »menschenfreundlicher Tyrann« später mal so gar nicht lernen möchte, dann bieten Sie ihm doch mal eine Möglichkeit, sich überlegen fühlen zu können.

Ihr Kind soll englische Vokabeln lernen. Sie zeigen sich interessiert: »Ich habe doch auch einmal Englisch gelernt, du kannst mich mal prüfen, ob ich noch alles kann.« Während Ihr Nachwuchs Sie abfragt und Sie selbstverständlich viele Fehler machen, lernt das Kind schon mal ganz gut seine Vokabeln. Am Ende wechseln Sie und fragen Ihren Sprössling ab: »Ich bin jetzt mal gespannt, ob du es besser kannst.« Das wird jetzt zweifelsohne der Fall sein und unser junger Freund wird durch das angenehme Gefühl von Überlegenheit für sein Bemühen belohnt.

Die Chance ist groß, dass er jetzt freiwillig seine Vokabeln lernt, schon um seine Überlegenheit zu genießen. Bei einem kleinen Mädchen zum Beispiel, das eher die Harmonie liebt und dem an einem freundschaftlichen Umgang mit Papa und Mama gelegen wäre, würde der kleine Trick eher nicht gelingen. Es würde schnell die unfaire Ausgangslage erkennen und auch nicht wollen, dass Mama oder Papa auf solche Art und Weise verliert.

Wenn Sie, liebe Leserin, lieber Leser, nun überlegen, welches Ihre eigenen bevorzugten Motive sind, sind die Chancen, dass Sie zu einer richtigen Einschätzung kommen, eher gering. Auch diese Orientierungen stammen aus der Zeit, in der wir noch nicht sprechen konnten, und sie sind daher dem Menschen selbst nicht bewusst; gleichwohl prägen sie unser Leben. Solche Motive lassen sich nur mithilfe von indirekten Verfahren klären, zum Beispiel mit einem TAT-Test. Bei diesem Verfahren werden Personen nicht direkt danach befragt, ob sie sich eher von Situationen angezogen fühlen, in denen sie ihre Leistungsfähigkeit auf den Prüfstand stellen, oder eher von Situationen, in denen sie mit ihren Mitmenschen in einen Kontakt treten können, sondern es werden ihnen Bilder präsentiert, die höchst unterschiedliche Interpretationen zulassen. Die Personen werden dann gebeten, zu jedem Bild eine kleine Geschichte zu erfinden. Zu diesem Test gibt es einen Auswertungsschlüssel, der bei korrekter Anwendung ziemlich genaue Rückschlüsse zulässt, ob bei der untersuchten Person eher das Leistungsmotiv, das Anschlussmotiv oder das Machtmotiv im Vordergrund steht.

Ihr eigenes Kind hingegen können Sie ganz gut beobachten und feststellen, ob sich eher eine Vorliebe abzeichnet, sich mit Gegenständen zu beschäftigen, oder ob dem Kind eher das Zusammensein mit anderen Menschen wichtig erscheint. Beim menschenorientierten Kind können Sie auch beobachten, ob ihm harmonische Beziehungen oder solche Beziehungen attraktiv erscheinen, in denen es sich stark oder überlegen vorkommen kann. Selten ist es so, dass nur ein Motiv für einen Menschen handlungsleitend ist: Meistens wirken verschiedene Motive zusammen, aber ein besonders bevorzugtes Motiv kann bei den Mädchen und bei den Buben eine wichtige Rolle spielen. Sie leiten das Kind oft, auch wenn es dem Kind nicht bewusst ist, und sie können eine wichtige Rolle spielen, und zwar nicht nur in der Schulzeit, sondern auch in der späteren beruflichen Tätigkeit.

So zeigen zum Beispiel Untersuchungen aus den Vereinigten Staaten, dass viele Mädchen sehr prestigeträchtige, hoch dotierte Posten mit lebenslanger Anstellungsgarantie nach einer gewissen Zeit aufgeben, wenn sie in ihrer Arbeit keinen Sinn mehr sehen, etwa weil kaum die Möglichkeit besteht, mit anderen Personen in Kontakt zu kommen oder anderen in irgendeiner Form zu helfen. Äußere Anreize wie Geld und Ansehen sind für viele Frauen eher weniger wichtig als nicht bewusste Tendenzen, wie zum Beispiel der Wunsch nach befriedigenden Beziehungen zu anderen Menschen. Bei den Buben spielen eher die äußeren Anreize wie Geld, Stellung oder Prestige eine dominante Rolle.

Die Frage, die sich immer wieder stellt: Sind solche auch schon sehr früh erkennbaren Unterschiede angeboren oder schon anerzogen?

Angeboren?

Die Tatsache, dass die Geschichte der Menschheit im Vergleich zur Geschichte des Lebens kurz ist und die Abstammung letztlich aus dem Tierreich nicht bestritten werden kann, mag die Vermutung rechtfertigen, dass bestimmte Vorlieben aus einer Zeit stammen, als unsere Vorfahren noch auf den Bäumen wohnten.

- Weibliche Vorfahren waren für die Pflege der Brut zuständig, sie mussten sich lange und intensiv um den Nachwuchs kümmern. Eine eher fürsorgliche Orientierung bei den Mädchen wird häufig noch auf dieses Erbe zurückgeführt.
- Männliche Vorfahren mussten häufig um das beste Weibchen kämpfen. Sie standen somit fast ständig unter einem Rivalitätsdruck. Neben Körperkraft und Ausdauer kam es für männliche Tiere auch darauf an, zum Beispiel durch Federschmuck oder ein mächtiges Geweih und durch ein Imponiergehabe eventuelle Rivalen so zu beeindrucken, dass nicht jedes Mal ein heftiger Kampf ausgefochten werden musste, bei dem es unter Umständen zu Verletzungen kommen konnte. Es wird vermutet, dass eine stärkere Wettbewerbsorientierung bei Jungen hier ihren Ursprung haben könnte.
- Nicht jeder Kampf mit dem Rivalen konnte gewonnen werden, es kam also sehr darauf an, den Mut nicht so schnell sinken zu lassen. Die bei unseren Jungen zu beobachtende Tendenz, sich von einzelnen Misserfolgen nicht so leicht entmutigen zu lassen, könnte man auf dieses Erbe zurückführen.

Solche Erklärungen klingen immer recht plausibel und verleiten uns womöglich dazu, solche Unterschiede als gegeben, als unveränderbar anzusehen. So in dem Sinne von: »So sind eben die Burschen, da kann man nichts machen.« Aber der Mensch hat denken gelernt, und solche möglicherweise angeborenen Tendenzen schlagen eher dann bei uns durch, wenn wir nicht weiter darüber nachdenken. Wir unterscheiden uns aber von unseren tierischen Ahnen vor allem dadurch, dass wir über unser Verhalten nachdenken können und dass wir uns daher auch frei machen können von Tendenzen, die uns in unserer Entwicklung eher hinderlich sind.

Anerzogen?

Aber vieles, was wir – ohne darüber nachzudenken – tun, ist auch anerzogen. In allen Kulturen dieser Welt gibt es sehr genaue Vorstellungen darüber, was Jungen oder Mädchen tun dürfen und was nicht, womit sie spielen dürfen und auch welche Eigenschaften sie haben sollen. Allerdings sind diese Vorstellungen in Amerika anders als etwa in Afrika oder in einem europäischen Land.

Viele Geschlechtsunterschiede, die im europäischen Raum bedeutsam erscheinen, sind quasi »hausgemacht«, und das, was nun die Eltern ihrem Kind vermitteln, ist geprägt von der Kultur, in der sie leben. In unserer Kultur zum Beispiel wird schon in den frühesten Kindheitstagen raufenden Buben mehr Verständnis entgegengebracht als Mädchen, die Gleiches tun. Ein weinendes Mädchen wird eher Verständnis für ihren Kummer finden als ein weinender Bub. Jungen, die ein Püppchen liebevoll im Arm halten, werden kritischer beäugt als ein Mädchen, das auf Bäume klettert, oder noch deutlicher: Mädchen ist es erlaubt, sich wie Buben zu kleiden, z. B. Jeans zu tragen, aber umgekehrt? Ein Bub mit einem Mädchenrock? Undenkbar! Den Jungen steht also – gegenüber den Mädchen – nur ein deutlich begrenztes Verhaltensrepertoire zur Verfügung.

Vermittelt werden solche kulturellen Vorstellungen darüber, wie ein Mädchen oder ein Junge zu sein hat, wie »man« sich zu kleiden hat, ob Gefühle gezeigt werden dürfen oder nicht und vieles andere mehr, zunächst dadurch, dass ein Kind von seinen Eltern dann gelobt oder belohnt wird, wenn es das typische Verhalten zeigt, das man von einem Mädchen oder einem Jungen erwartet. So kann zum Beispiel belegt werden, dass Eltern ihre Söhne in ihrer Leistungsorientierung stärker bekräftigen, als dies bei den Mädchen der Fall ist.

»Wenn ich eine Eins in Mathe erreiche, ist das selbstverständlich, wenn meine Brüder eine Eins haben, wird das toll gefeiert«, empörte sich – ganz zu Recht – eine Schülerin.

Mädchen erhalten dafür mehr Zustimmung und Lob von ihren Eltern, wenn sie sauber und ordentlich sind und sich brav und angepasst verhalten.

Auch solche Neigungen sind den Eltern kaum bewusst, sind sie doch selbst oft noch in einer solchen Weise erzogen worden – wer möchte schon bewusst die Entwicklung seiner Tochter einschränken oder sie in eine typisch weibliche Rolle zwängen? Wir haben es bereits gesehen, die meisten Eltern orientieren sich am Erziehungsverhalten der eigenen Eltern, und so ist es nicht verwunderlich, dass traditionelle Vorstellungen länger haften bleiben, auch wenn sie von einer gesellschaftlichen Realität längst überholt sind.

Später kommt noch eine Neigung der Kinder hinzu, attraktive Erwachsene, also Eltern, Kindergärtnerinnen und vor allem Fernsehstars zu imitieren. Leicht übersehen wird oft die Wirkung von scheinbar harmlosen Werbespots: Nach einer US-amerikanischen Studie treten Männer hier vor allem als kompetente Fabrikanten, Techniker, Wissenschaftler, Produzenten auf, Frauen werden hingegen eher als Personen beschrieben, die von den Segnungen männlicher Intelligenz und Kreativität profitieren. Die meisten Unterschiede zwischen Mädchen und Jungen stellen wir also selber her.

Was ist wirklich nur angeboren?

Vergleicht man spielende Jungen und Mädchen in verschiedenen Ländern und Kulturen, so zeigt sich eines ganz deutlich: Körperlich aggressives Verhalten bei den Burschen und ein eher gefühlsbetontes, verantwortungsbewusstes bei den Mädchen zeigen sich über alle Kulturen hinweg. Ein solcher Unterschied zwischen den Geschlechtern ist auch in den späteren Lebensjahren noch gut beobachtbar, d. h. diese Tendenz scheint potenziell immer vorhanden auch durch Erziehungsbemühungen nur begrenzt beeinflussbar zu sein.

TIPP

- Auch wenn Mädchen genauso tüchtig in Mathematik oder Naturwissenschaften sind wie die Burschen, sollte man versuchen, sich über unbewusste Wünsche, etwa nach freundschaftlichen Beziehungen oder nach fürsorglicher Zuwendung zu anderen Menschen, Klarheit zu verschaffen, bevor eine jahrelange Ausbildung in einem Bereich begonnen wird, in dem solche Wünsche nicht oder nur sehr eingeschränkt realisierbar sind. Es kann gut sein, dass ein Mädchen, das sich bevorzugt mit Personen beschäftigen möchte, in einem Beruf aus dem Servicebereich oder als Ärztin oder Lehrerin in der langen Zeit einer Berufstätigkeit glücklicher ist als zum Beispiel in einem prestigeträchtigen Job in einem Labor oder in einem Universitätsinstitut, in dem vor allem Einzelleistungen erwartet werden.

Kapitel 3

Schlaue Mädchen

Die verborgenen Probleme der Mädchen in der Schule:

Schlaues Mädchen oder »nur« ehrgeizige Streberin?

Typische Vorurteile gegenüber Mädchen

Frauen und Männer unterscheiden sich in vielen Bereichen deutlich mehr, als man glaubt – wäre ja auch schade, wenn es nicht so wäre –, aber unterscheiden sich Männer und Frauen auch in ihrer Intelligenz?

Wenn man bedenkt, dass das Frauenwahlrecht erst vor knapp 100 Jahren beschlossen wurde, dann darf es nicht verwundern, dass die für das männliche Geschlecht so schmeichelhafte Vorstellung, Frauen seien aufgrund ihrer weniger stark ausgeprägten Intelligenz zu solch wichtigen Entscheidungen erst gar nicht in der Lage, auch heute noch immer wieder direkt oder indirekt zum Ausdruck kommt.

Schlaue Mädchen

Bei fast allen Intelligenztests zeigen sich keine Vorteile für Jungen oder Mädchen. Wohl zeigen sich über viele Untersuchungen immer in der gleichen Weise leichte Vorteile für Männer, wenn es um sehr spezifische Aufgabenstellungen bei der räumliche Orientierung geht. Bei Frauen hingegen – und auch hier bei sehr spezifischen Aufgaben – gibt es entsprechende Vorteile im verbalen Bereich. Salopp ausgedrückt, Frauen mögen tendenziell größere Probleme beim Rückwärtseinparken haben, aber sie sind dafür verbal geschickter, um dem Ehemann klarzumachen, dass die Beule im neuen Auto jedenfalls nichts mit den Parkschwierigkeiten zu tun hat.

Wenn sich auch mehr oder weniger bei allen Untersuchungen diese Unterschiede zeigen, erscheint es fraglich, ob solche Fähigkeitsunterschiede im Alltag überhaupt eine Rolle spielen.

Ob es sich bei diesen Unterschieden um angeborene, kaum veränderbare geschlechtsspezifische Unterschiede handelt, ist äußerst zweifelhaft. Fest steht, dass vieles durch entsprechende Anregung und Übung ausgeglichen werden kann. So können zum Beispiel die Nachteile der Mädchen im Bereich der räumlichen Orientierung nach einem gezielten Training oft schon nach wenigen Tagen wettgemacht werden. Es gibt also durchaus geschlechtsspezifische Unterschiede zwischen unseren Söhnen und Töchtern, aber nicht in einem hierarchischen Sinne.

Obgleich sich die Jungen und die Mädchen in ihrer Intelligenz kaum unterscheiden, haben in fast allen westlich orientierten Ländern die Mädchen bei den Schulerfolgen »die Nase vorn«.

So zeigt z. B. das Konsortium Bildungsberichterstattung 2006, dass
- mehr Mädchen als Jungen vorzeitig eingeschult werden,
- mehr Mädchen als Jungen das Gymnasium besuchen,
- mehr Mädchen als Jungen ein Studium aufnehmen,
- mehr Jungen als Mädchen bei der Einschulung zurückgestellt werden,
- mehr Jungen als Mädchen eine Klasse wiederholen,
- mehr Jungen als Mädchen die Hauptschule besuchen,
- mehr Jungen als Mädchen auf Sonderschulen überwiesen werden,
- mehr Jungen als Mädchen die Schule ohne Bildungsabschluss verlassen.

Ähnliche Untersuchungen liegen auch aus den Vereinigten Staaten vor.

Fleißige Mädchen

Warum aber sind Mädchen besser in der Schule als ihre männlichen Kollegen, obgleich sie sich im Durchschnitt in ihrer Intelligenz kaum unterscheiden?

Was wohl viele erfahrene Eltern vermuten, kann nun auch mit Statistiken belegt werden: Mädchen sind deutlich fleißiger als Jungen, sie sitzen erheblich länger vor ihren Hausaufgaben und bereiten sich gründlicher auf Schularbeiten vor. Sie hören in der Schule besser zu und sind aufmerksamer als Buben.

Die Überlegenheit der Mädchen zeigt sich aber nur in der Schule und später an der Universität, in standardisierten Leistungstests hingegen finden sich keine Unterschiede zwischen den Geschlechtern. Wenn Mädchen und Jungen objektive Testaufgaben zu bearbeiten haben, unterscheiden sich die Leistungen der Mädchen kaum von denen der Buben.

Auf den ersten Blick mag man vielleicht glauben, dass Lehrerinnen und Lehrer in der Schule Mädchen günstiger beurteilen, weil sie aufmerksamer, fleißiger und fügsamer und damit auch angenehmer für

Lehrerinnen und Lehrer sind als die Jungen. Das mag wohl auch einmal eine Rolle spielen, aber eines zeigen die Untersuchungen ganz deutlich: Auf Schularbeiten bereiten sich die Mädchen im Schnitt deutlich besser vor als die Buben, wie wir bereits oben gesehen haben. Dieses Üben von Vokabeln, von gelernten Rechenschritten, dieses Sich-Einlassen auf den aktuellen Stoff, der in der Schularbeit behandelt werden soll, führt natürlich schnell zu besseren Leistungen.

Bei einem Test mit Aufgabenstellungen, auf die man sich nicht vorbereiten kann, kommen eher die allgemeinen Intelligenzunterschiede von Mädchen und Burschen zutage und hier unterscheiden sich, wie wir bereits gesehen haben, die Geschlechter kaum voneinander.

Nun könnte man schon fast das Kapitel über die Probleme der Mädchen in der Schule schließen. Sie sind genauso gescheit wie die Jungen, sie sind fleißig und haben deutlich bessere Chancen auf einen anspruchsvollen Bildungsabschluss. Was wollen wir also mehr von unseren Mädchen?

Die meisten Schulprobleme der Burschen liegen auf der Hand, die kennen fast alle Bubeneltern und vor allem die Lehrerinnen und Lehrer. Ihr Verhalten hat eher einen appellativen Charakter, sie fallen deutlich häufiger mit problematischen Verhaltensweisen auf als die Mädchen, und die betroffenen Lehrerinnen und Lehrer, aber auch die Eltern sind eher bemüht, die eigentlichen Ursachen ihres Fehlverhaltens zu ergründen.

Die Mädchen sind im Allgemeinen unauffälliger. Von ihren Problemen erfahren wir in aller Regel nur dann etwas, wenn Wissenschaftler mit anonymen Befragungen, mit Unterrichtsbeobachtungen oder anderen Methoden die Situation der Mädchen genauer unter die Lupe nehmen. Eltern, Lehrerinnen und Lehrer müssen bei den Mädchen daher etwas genauer hinschauen, damit unsere Schülerinnen ihr Leistungspotenzial in der Schule besser ausschöpfen und vor allem auch in ihren beruflichen Chancen nicht beeinträchtigt werden.

Verunsicherte Mädchen

Ein auf den ersten Blick schwer verständliches Phänomen zeigt sich über viele Untersuchungen hinweg: Werden Mädchen und Jungen danach befragt, wie sie selbst ihre eigenen Fähigkeiten in der Schule einschätzen, so zeigt sich immer wieder, dass Mädchen ihre Fähigkeiten deutlich bescheidener einschätzen als die Jungen. Eigentlich unverständlich, sind doch Mädchen in der Schule deutlich erfolgreicher.

So zeigte bereits die Untersuchung des Erziehungswissenschaftlers Eder aus dem Jahre 1995, dass die Mädchen zwar durchschnittlich bessere Schulnoten hatten als die Jungen, gleichwohl war die Vorstellung der Mädchen von ihrer schulischen Leistungsfähigkeit deutlich schlechter, als dies bei den Burschen der Fall war.

Zehn Jahre später wiederholte Eder seine Untersuchungen, indem er die gleichen Untersuchungsinstrumente wie im Jahre 1995 einsetzte, und kam im Hinblick auf das Leistungsselbstbild der Mädchen zu einem recht ähnlichen Ergebnis. Es hat sich in dieser Zeit offensichtlich nichts Entscheidendes geändert. Mädchen glauben nach wie vor, dass sie in der Schule weniger leistungsfähig sind als die Burschen, obgleich sie die besseren Schulnoten haben.

Warum schätzen die Mädchen ihre Leistungsfähigkeit in der Schule so gering ein? Kann es sein, dass sie sich nur bei wissenschaftlichen Befragungen bescheiden darstellen wollen? Das scheint nicht der Fall zu sein: Wie schnell unsere Mädchen akzeptieren, dass Jungen kompetenter sind als sie selbst, zeigt zum Beispiel eine Studie der beiden Forscherinnen Sigrid Metz-Göckel und Jacqueline Kauermann-Walter die Kinder bei Computerkursen systematisch beobachteten. Kurz zusammengefasst konnten die Forscherinnen Folgendes feststellen: Obgleich die Mädchen und Jungen bei Computerkursen ähnliche Kompetenzen zeigten, gelang es den Burschen leicht, sich selbst als Experten darzustellen, oft nur in der Weise, dass sie blufften. Die Mädchen durchschauten die Manöver der Jungen kaum, waren schnell bereit, den Jungen diesen Expertenstatus zuzuerkennen, ihr eigenes Wissen hintanzustellen und den Programmiervorschlägen der selbst ernannten Experten zu folgen.

Mädchen zweifeln nicht nur in der Schule an ihren Fähigkeiten, auch beim Spiel kann man Ähnliches beobachten.

Schauen wir uns nur einmal an, wie Kinder reagieren, wenn zum Beispiel bei einem Computerspiel etwas nicht so recht gelingt.

Die Forscher Feil, Decker und Gieger zeichneten die Kommentare der Kinder auf. Hier Beispiele:

Mädchen	Jungen
Mh, das war dumm. Sehr, sehr dumm.	Ach Manno, die Maus bewegt sich so langsam, da kann ich nichts dafür.
Oh, ist das fies, oh Mann, ich kann das nicht, ich fahr viel zu schnell.	Was? Habe ich doch gar nicht berührt! Nein!!!
Ach Mist. Ich bin da draufgekommen.	Nein, das stimmt nicht, ich bin doch auf Z. gegangen! So ein Scheiß!
Nee, da muss ich erst überlegen. Jetzt habe ich es schon wieder falsch gemacht. Ich hätte das hier schon hintun müssen.	He, ich kann gar nicht anders lenken. Der Blödmann hat mich rausgeschubst.
Huch, was ist jetzt passiert? Was, bin ich jetzt schon wieder tot?	He habe ich doch gar nicht berührt. Nein!!! Ich bin doch gar nicht über Rot gefahren, du lügst.
Hey, wie geht das? Wie soll ich die denn bewegen? Hä? Also, das kapier ich jetzt nicht.	Manno, den hab ich doch abgewehrt.
Uh, ups! Ach, ach, das ist, das kann ich nicht. Hä, wie ist das jetzt gekommen?	Ohhh, Ohrrr! Wieso ging das jetzt nicht rein?
Aber das kapier ich irgendwie überhaupt gar nicht.	Leck mich am Arsch, Mann.
Ach, das ist ein blödes Spiel, ich check das nicht.	Außerdem ist es etwas blöd, dieses Spiel! Ich will das Spiel beenden!

Tabelle: Die Reaktionen von Mädchen und Jungen auf einen Misserfolg bei einem Computerspiel

Auch hier kann man leicht die Neigung der Mädchen erkennen, die Schuld bei einem Versagen vor allem bei sich selbst und ihrer fehlenden Kompetenz zu suchen. Jungen hingegen schützen ihr Selbstwertgefühl, indem sie andere Umstände dafür verantwortlich machen, wenn sie einmal beim Spiel versagt haben, ihrer Verärgerung lassen sie breiten Raum unter Verwendung von recht derben Kraftausdrücken.

Bei einem erfolgreichen Spielverlauf konnte man von den Jungen vor allem Kommentare hören wie »Ich bin natürlich super, ich bin der Superheld, ich bin gut, ich weiß schon, ich bin der Beste, die haben keine Chance gegen mich, ich bin schlau, den schlauen Tobias kann man nicht besiegen« und Ähnliches. Der Stolz auf die eigenen Kompetenzen kann fast nicht besser zum Ausdruck kommen. Die Mädchen freuten sich auch: »Das ist cool, so viele habe ich gefangen, ja, jetzt habe ich gewonnen, schön super« und so weiter, aber kein Stolz auf eigene Fähigkeiten wie bei den Buben. Bei den Mädchen finden sich keine Hinweise darauf, dass sie stolz sind auf ihren Erfolg, sie scheinen bei ihrem Spielerfolg eher an einen glücklichen Zufall zu glauben, über den sie sich freuen; beim nächsten Mal kann es dann natürlich wieder ganz anders sein, also keine Hochgefühle und weniger Erfolgserwartungen.

Schülerinnen, die sich selbst nicht mögen

Noch schlimmer ergeht es jenen Mädchen, die nicht nur glauben, dass sie weniger gut in der Schule sind als die Burschen – auch wenn der Notenvergleich das Gegenteil bekundet –, sondern sie halten sich insgesamt häufiger für minderwertige Wesen, als dies bei den Burschen der Fall ist.

Die oben bereits erwähnten Untersuchungen des Erziehungswissenschaftlers Eder zeigen, dass die meisten Jungen und Mädchen mit sich selbst sehr zufrieden sind und sie finden sich so, wie sie sind, ganz in Ordnung. Aber bei den Mädchen ist nicht nur der Anteil derjenigen größer, die glauben, dass sie weniger intelligent sind und schlechter mit den schulischen Anforderungen zurechtkommen als die Buben, sie haben auch ein wesentlich schlechteres allgemeines Selbstwertgefühl als die Buben. Sie sind also weniger zufrieden mit sich selbst, glauben eher, dass sie zu nichts gut sind, dass sie keine guten Eigenschaften haben, dass sie mit ihrem Leben nicht so gut zurechtkommen, auf nichts stolz sein können usw. Diese Unterschiede zwischen den Buben und den Mädchen kann man bereits in der Grundschule erkennen und sie bleiben über die gesamte Schulzeit bestehen. Schlimmer noch, auch die bereits oben erwähnte Replikationsstudie von Eder zeigt, dass die Mädchen – auch zehn Jahre später – noch immer unter einem deutlich geringeren Selbstwertgefühl leiden als die Jungen.

Mädchen mit einem niedrigen Selbstwertgefühl reagieren sehr empfindlich auf schulische Misserfolge oder Zurechtweisungen, sie brauchen lange, bis sie sich wieder davon erholen, sie schauen pessimistisch in die Zukunft, sind schnell frustriert und eher ängstlich. Mädchen mit geringem Selbstwertgefühl sind also psychisch weniger stabil.

Entsprechend berichten in den bereits zitierten Studien von Eder auch deutlich mehr Mädchen als Burschen von plötzlichem Herzklopfen, von einer Angst beim Sprechen vor der Klasse, von Schweißausbrüchen, aber auch von Kopfschmerzen, Übelkeit, Bauchweh, Störungen beim Schlafen und vielem Unangenehmem mehr.

Eine durchgehend negative Sicht auf das Selbst, auf die eigene Person beeinträchtigt also nicht nur die Leistungen unserer Mädchen in der Schule, sie schmälert auf lange Sicht auch die Lebensfreude.

Bedenklich erscheint in diesem Zusammenhang der vom Erziehungswissenschaftler Eder aufgedeckte Umstand, dass diese negative Gefühlslage der betroffenen Mädchen sich in der gesamten Schulzeit nicht zum Besseren wendet. Wir können also davon ausgehen, dass viele Mädchen dieses basale Gefühl der Minderwertigkeit, der Unzulänglichkeit mit in ihre berufliche Tätigkeit nehmen. Unverständlich vor allem deswegen, weil die Mädchen vom Kindergarten an über die gesamte Schulzeit überwiegend von Kindergärtnerinnen und Lehrerinnen betreut werden. Sollten diese Frauen nicht mehr Verständnis für das typisch weibliche Problem des mangelhaften Selbstwertgefühls haben, geht es vielleicht um Boshaftigkeit? Das kann man eher ausschließen, im Gegenteil, die anfangs erwähnte Untersuchung zeigt auch, dass die Mädchen – im Gegensatz zu den Burschen – ein deutlich besseres Verhältnis zu den Lehrerinnen und Lehrern haben. Die Lehrerinnen mögen also im Allgemeinen ihre Schülerinnen, es geht wohl eher um mehr Bewusstseinsbildung bei den Lehrerinnen und Lehrern, vielleicht auch um Lücken in der Lehrerausbildung.

Nun mag man einwenden, dass vor allem die Eltern aufgerufen sind, ihren Beitrag zu leisten, damit sie ihren Töchtern mehr Aufmerksamkeit, mehr Zuversicht vermitteln. Das ist zweifelsohne richtig und dazu soll auch die Lektüre dieses Buches einen Beitrag leisten, aber man darf auch nicht übersehen, dass aus der Sicht der Schülerinnen die Lehrerinnen und Lehrer die Experten schlechthin sind, wenn es um die Beurteilung der schulischen Leistungsfähigkeit geht. Ihr Urteil zählt bei den Kindern und es wiegt schwerer als das der Eltern. Ein Hinweis auf Kompetenzen, noch besser auf Kompetenzsteigerungen, kann, wenn er gerechtfertigt ist, wahre Wunder wirken. Zum Beispiel: »Man merkt, dass du sehr viel gelesen hast, deine Fähigkeiten in Deutsch sind jetzt Spitze, du kannst dich sehr gut ausdrücken, machst kaum Rechtschreibfehler.«

Warum trauen sich unsere Mädchen so wenig zu?

Gesetze ändern sich schnell, die Einstellungen der Menschen halten sich länger

Man darf nicht übersehen, dass der langen Tradition, in der Mädchen und Frauen als grundsätzlich minderwertig, als defizitäre Wesen angesehen wurden, nur tauglich für Haushalt und Kindererziehung, erst eine vergleichsweise kurze Phase der Gleichberechtigung gegenübersteht.

Es dauerte noch lange – bis in die 1960er-Jahre –, dass Mädchen auch tatsächlich gleiche Bildungschancen hatten wie die Jungen. Gesetzliche Bestimmungen haben den Weg für Mädchen und Frauen geebnet, die tradierte Vorstellung lebt wohl auch heute noch weiter. Man denke nur an den eingangs schon erwähnten Brauch, den Vater einer Tochter als »Büchsenmacher« zu verspotten.

In einem vergilbten »Stammbuch« aus den Sechzigerjahren fand ich folgenden Vers, den eine Mutter ihrer Tochter mit auf den Weg geben wollte: *»Sei wie ein Veilchen im Moose, folgsam, sittsam und rein, nicht* *wie die stolze Rose, die immer bewundert will sein.*« Ein Spruch, der vor allem auch in Deutschland eine weite Verbreitung in den diversen »Poesiealben« fand.

In einer Zeit, in der es längst eine zumindest grundsätzliche Gleichberechtigung von Mann und Frau gab, wird hier sehr subtil die eigentlich überholte Vorstellung vermittelt, dass Mädchen und Frauen eher dazu angehalten werden sollten, »ihr Licht unter den Scheffel zu stellen«, sich bescheiden zu geben, den »Herren der Schöpfung« den Vortritt zu lassen, im Hintergrund zu wirken, wenn es um bewundernswerte Kompetenzen geht. Kann es sein, dass solche Vorstellungen – auch heute noch – unbewusst von einer Generation auf die nächste übertragen werden?

Was wollen in unseren Tagen Mädchen- und Bubenmütter ihren Kindern mit auf den Weg geben?

Werden Eltern heute nach den Zielen ihrer Erziehung gefragt, so unterscheiden sich die Mädcheneltern von den Bubeneltern vor allem dadurch, dass nach wie vor zum Beispiel die Haushaltsführung, die Zärtlichkeit und Hilfsbereitschaft von den Mädcheneltern als besonders wichtige Ziele ihrer Erziehung angesehen werden, während für die Bubeneltern sind solche Erziehungsziele irrelevant, für sie sind zum Beispiel Technikverständnis und handwerkliches Können wichtiger.

»Veilchen im Moose« oder »stolze Rose«

Diese Vorstellung vom »Veilchen im Moose« war perfekt abgestellt auf die Erwartungen zukünftiger Ehemänner: eine eher unauffällige Schönheit, die sich nicht aufdrängt, die sich erst dem zweiten, genaueren Blick erschließt, die damit verbundene Vorstellung von der Bescheidenheit der Mädchen, die sich selbst zurücknehmen, ihre eigenen Fähigkeiten und Interessen verleugnen, die keine besonderen Ansprüche stellen, sondern sich mit dem »bescheiden«, was man ihnen zugesteht. Gewünscht war damals keine Partnerin, sondern eine Frau, die ausschließlich für Haushalt und Kinder zuständig war und dem Ehemann den »Rücken freihielt«, damit er Karriere machen und

Geld verdienen konnte. Die hohen sozialen Kompetenzen der Frauen und ihre Fähigkeiten, Gefühle von Mitmenschen zu erkennen, zu berücksichtigen, ausgleichend zu wirken, waren hoch willkommen, um für Harmonie im häuslichen Bereich zu sorgen. Die Mädchenmütter steigerten durch eine solche Erziehung die Chancen ihrer Tochter auf dem Heiratsmarkt. Sollte die Tochter nicht heiraten, blieb sie eng verbunden mit den Eltern und war bestens prädestiniert, die Eltern im Alter zu unterstützen.

Frau M. ging mit ihrer bildhübschen vierjährigen Tochter zum Einkaufen und traf auf ihre Nachbarin. »Die Kleine ist ja wirklich besonders entzückend mit ihren blonden Locken«, meinte die Nachbarin. »Dass die mir nicht noch stolz wird«, schimpfte Frau M. und zog rasch mit ihrem Nachwuchs von der Quelle einer solchen Gefahr davon.

Man kann sich ganz gut vorstellen, dass die mehr oder weniger alltägliche Erfahrung unseres kleinen Blondschopfs, dass es unangebracht ist, über ihre Schönheit zu sprechen, dass es »böse« ist, stolz zu sein, dazu führt, dass sie letztlich ihre besondere Schönheit verleugnen wird.

In zahlreichen Untersuchungen zeigt sich immer wieder, dass selbst die dünnsten, hübschesten Mädchen mit ihrem Erscheinungsbild unzufrieden sind und sich womöglich noch mit zahllosen Hungerkuren quälen und sich stattdessen fast ausschließlich an wenig realistischen Vorbildern wie den Fernsehstars orientieren, nur weil sie kein zutreffendes Bild von sich selbst entwickeln konnten.

Dieses »Du bist nichts Besonderes«, das hier zum Ausdruck kommt, heißt nichts anderes, als dass die Mädchen ihre Individualität nicht so sehr in den Vordergrund rücken, sondern sich lieber in die Familie und später im Beruf in die jeweilige Arbeitsgruppe klaglos einfügen sollen. Diese auferlegte Bescheidenheit hindert die Mädchen daran, etwas über die eigene Person zu erfahren, über ihre besonderen Stärken und Schwächen, und es wird ihnen so die Chance genommen, sich auf ihre eigenen Stärken zu besinnen und sich mit ihren Schwächen zu versöhnen, sich also so zu akzeptieren, wie sie nun einmal sind. Wer gelernt hat, mit dem eigenen Selbstbild zufrieden zu sein, den werden auch einzelne Misserfolge, spöttische, abwertende Bemerkungen nicht so schnell aus der Bahn werfen.

Eltern trauen ihren Jungen mehr zu als den Mädchen

»Ob Bub oder Mädchen, Hauptsache gesund«, sagen viele werdende Mütter, aber stimmt das wirklich? Ist es den Eltern in der Regel gleichgültig, ob sie einen Buben oder ein Mädchen bekommen? Sind Buben und Mädchen wirklich gleichwertig? Offensichtlich ist das nicht so. So fand der amerikanische Forscher Oakley bei seinen Befragungen von Müttern heraus, dass 56 Prozent der Frauen, die ein Mädchen geboren hatten, sich darüber freuten, 44 Prozent waren hingegen enttäuscht. Umgekehrt zeigten sich Mütter, die einen Jungen zur Welt gebracht hatten, zu 93 Prozent glücklich, hier waren nur 7 Prozent enttäuscht. Viele Mädchen müssen also damit leben, dass sie ihre Mutter enttäuscht haben, die lieber einen Jungen gehabt hätte!

Oder man denke nur daran, dass in China nach der Einführung einer Ein-Kind-Regel deutlich weniger Mädchen geboren wurden. Normalerweise werden durchschnittlich etwas mehr Jungen als Mädchen geboren (auf 100 Mädchen kommen etwa 105 Jungen). Neue Studien zeigen, dass in China auf 100 Mädchen bereits 119 Jungen kommen. Offensichtlich werden in China Mädchen gezielt abgetrieben: Erstens kann relativ leicht das Geschlecht eines ungeborenen Kindes festgestellt werden und zweitens gibt es einen problemlosen Zugang zu einer Abtreibung.

Die männliche Körperkraft hat heute in den modernen Industriestaaten ihre Bedeutung verloren, gleichwohl hält sich hartnäckig die Vorstellung, dass ein Junge mehr wert ist als ein Mädchen. Es kann also nicht ausgeschlossen werden, dass Eltern unbewusst dieses »Du bist eben nur ein Mädchen« unausgesprochen vermitteln, dass sie ihre Enttäuschung schlecht verbergen können und von ihrem Mädchen von vornherein weniger erwarten.

Das zeigt sich zum Beispiel auch darin, dass Eltern im Allgemeinen ihren Söhnen früher erlauben, selbstständig die nähere Umgebung zu erkunden, als ihren gleichaltrigen Töchtern. Sie dürfen zum Beispiel früher selbstständig ihren Freund auf der gegenüberliegenden Straßenseite besuchen als ihre Schwester, obgleich Jungen im Schnitt wesentlich häufiger impulsiv reagieren, was ja nicht so ungefährlich ist, wenn man eine Straße quert. Wenn also zum Beispiel ein Ball auf die Fahrbahn rollt, ist die Gefahr, dass ein Bub, ohne zu schauen und nachzudenken, gleich hinterherrennt, größer als bei einem Mädchen.

Ein Blick in die Verkehrsstatistik zeigt eines ganz deutlich: Die Anzahl der im Kindesalter als Fußgänger getöteten Kinder unter 15 Jahren ist bei den Jungen mehr als doppelt so hoch wie bei den Mädchen. Betrachtet man die Unfallhäufigkeit mit und ohne Todesfolge, so erleiden Jungen 30 Prozent mehr Unfälle zu Fuß und 51 Prozent mehr Unfälle mit dem Fahrrad als Mädchen (Statistisches Bundesamt 2008).

Beobachtungsstudien zeigen darüber hinaus, dass Buben grundsätzlich schneller mit ihrem Rad unterwegs sind, mehr Unfug treiben, also einhändig, freihändig fahren und so das Rad eher als Spielzeug betrachten. Genug Gründe also, eher der Schwester als dem Sohn mehr Freiheiten im Erkunden der Umgebung einzuräumen, ihr also eher mehr zuzutrauen als dem Jungen.

Die indirekte Botschaft an den Buben lautet: Wir trauen dir zu, dass du dich verantwortungsbewusst verhalten wirst und das schon alleine schaffst. Mädchen müssen deutlich länger warten, bis auch ihnen das Gleiche zugetraut wird.

Dagegen sind Eltern bei den Töchtern eher bereit zu helfen, wenn sie mit einer Aufgabe nicht sogleich zurechtkommen. Wenn zum Beispiel der Sohn oder seine Schwester bei einem Puzzle ein Teilstück nicht richtig einfügen können, würden Eltern im Allgemeinen eher der Tochter helfen als dem Sohn. Das klingt sehr »mädchenfreundlich«, aber auch hier lautet die Botschaft an die Tochter: »Wir trauen dir nicht zu, dass du mit diesem Problem alleine zurechtkommst.«

Vorurteile auch in der Schule

Auch in der Schule wird schon den Mädchen indirekt vermittelt, dass sie weniger wert sind als Buben im gleichen Alter: Buben erhalten in der Schule wesentlich mehr Aufmerksamkeit und sie werden auch in ihren besonderen Neigungen und Begabungen stärker gefördert.

In einer der ersten Untersuchungen zu diesem Thema zeigten die Forscherinnen Frasch und Wagner, dass Buben im Unterricht nicht nur wesentlich mehr beachtet, sondern dass auch die Unterrichtsbeiträge der Jungen als wertvoller eingestuft und Jungen insgesamt als förderungswürdiger erachtet wurden.

Dieses Verhalten ist weder den Eltern noch den Lehrerinnen und Lehrern bewusst, aber es vermittelt dennoch: »Die Bildung der Jungen ist wichtiger – die sollen schließlich mal eine Familie ernähren können –, für die Mädchen ist es gerecht und ganz nett, wenn sie gleiche Bildungschancen haben, aber die meisten werden ja heiraten, und dann geht es bestenfalls um einen Zuverdienst.

Katis Mutter erzählte mir folgende Geschichte: Ihre mathematisch sehr begabte Tochter erteilte, gegen ein kleines Taschengeld, seit Jahren dem Nachbarbuben Thomas regelmäßig Nachhilfe in Mathematik. Bei einem Elternsprechtag meinte Katis Lehrerin: »Ja, Ihre Tochter ist in Mathematik sehr fleißig, engagiert und ausgezeichnet. Ich habe gehört, dass sie häufig mit Thomas zusammenarbeitet, davon scheint sie sehr zu profitieren.«

Dass es genau umgekehrt sein könnte, darauf kommt unsere Lehrerin erst gar nicht.

Sind Mädchen »nur fleißig« und Buben intelligent?

Die Ergebnisse der Untersuchungen von Dweck, Davidson, Nelson, Enna, einer Gruppe von Forscherinnen und Forschern, weisen auf ein bedeutsames Vorurteil in der Schule hin. Sie beobachteten über einen längeren Zeitraum eine Vielzahl von Lehrerinnen und Lehrern im Unterricht, und sie stellten dabei fest, dass Lehrerinnen und Lehrer durchschnittlich auf schulische Erfolge und Misserfolge bei den Mädchen anders reagierten als bei den Buben. Man kann wohl davon ausgehen, dass Lehrerinnen und Lehrer, ohne dass es ihnen so recht bewusst ist, annehmen, dass Buben so begabt sind, dass ein Scheitern nur mit einer unzureichenden Vorbereitung erklärt werden kann. Also in etwa so:

»Peter, du hast im Unterricht kaum mitgearbeitet und zu Hause hast du wohl auch nichts getan. Also dein ›Nicht genügend‹ hast du dir redlich verdient.«

Dass sich Peter möglicherweise schwertut und sich sehr wohl geplagt hat, scheint der Lehrerin wenig wahrscheinlich zu sein.

Bei einem Mädchen hingegen würden Lehrerinnen und Lehrer eher annehmen, dass das Kind zwar fleißig, aber wenig geeignet ist. Bei Petra würden also die Lehrerinnen und Lehrer eher so reagieren: *»Es tut mir leid, es hat mal wieder nicht gereicht, Mathematik gehört eher nicht zu deinen starken Seiten.«* Bei einem Mädchen glauben Lehrerinnen und Lehrer eher daran, dass es bei der Begabung hapert.

Hat ein Mädchen ein »Sehr gut« geschrieben, gehen Lehrerinnen und Lehrer nicht davon aus, dass sie ein intelligentes Mädchen in der Klasse haben, sondern sie reagieren eher so: *»Es freut mich, dass du auch einmal ein ›Sehr gut‹ geschafft hast, da hast du aber ordentlich gelernt«* oder *»Schön, dass du auch mal eine gute Note erreicht hast, aber natürlich waren auch die Aufgaben nicht so schwer«*.

Bei einem Buben mit einem »Sehr gut« in einer Schularbeit würden Lehrerinnen und Lehrer wohl eher davon ausgehen, dass sie einen talentierten Burschen vor sich haben, sie würden also eher so reagieren: *»Na, Peter, man sieht, wenn du nur ein bisschen lernst, dann kannst du etwas Tolles leisten.«* Oder auch so: *»In Mathe bist du wirklich spitze, das kann dir so leicht keiner nachmachen.«*

Sie reagieren so mehrheitlich auf das, was sie täglich in ihrem Unterricht beobachten können:

- *Mädchen* sind offensichtlich fleißiger. Müssen sie da im Umkehrschluss nicht auch ein wenig dümmer sein als die Burschen, die das anscheinend nicht nötig haben?
- Und die *Burschen*, die Lehrerinnen und Lehrer eher als faul erleben, müssen die nicht sehr begabt sein, wenn sie gleichwohl eine zumindest passable Leistung zustande bringen?

Was Lehrerinnen und Lehrer nicht bedenken: Wenn sie die Ursache des Scheiterns bei den Mädchen mit ihren mangelnden Fähigkeiten erklären, hat das eine fatale Wirkung auf die Bereitschaft der Mädchen, sich anzustrengen. »*Was auch immer ich tue, ich werde es nie schaffen*«, wird sich also Petra denken, mehr noch, sie wird sich ordentlich schämen, gilt sie doch als kleines »Dummerchen«, wenn sogar die Lehrerin – aus der Sicht von Schülerinnen und Schülern so etwas wie eine Expertin – an ihren Fähigkeiten zweifelt.

Ist Fleiß also unanständig?

Den Eindruck könnte man gewinnen, auch wenn man mit Eltern über die Leistungen ihrer Kinder spricht. In meiner mehr als zwanzigjährigen Tätigkeit als Elternvertreterin konnte ich dabei sehr viel von Schülerinnen und Schülern erfahren, denen – jedenfalls nach Auskunft ihrer Eltern – alles mehr oder weniger in den Schoß fällt. Lernen, sich anstrengen, das war anscheinend für diese Kinder nicht notwendig. »Unser Kind langweilt sich schon in der Schule, es geht alles viel zu langsam vorwärts«, meinte etwa die sehr ehrgeizige Mama und daneben stand der stolze Papa: Klar, die Kleine war natürlich sehr begabt, und das hatte sie selbstverständlich vom Papa, von wem sonst? Von Kindern, die sich schwertun, die nur mit großen Anstrengungen, mit viel Fleiß und Disziplin ihr Ziel erreichen, wurde eigentlich nie öffentlich gesprochen. Ich erfuhr es manchmal eher zufällig, wenn die betroffenen Kinder selbst davon berichteten, wie lange zu Hause gebüffelt wurde, oder hin und wieder in einem persönlichen Gespräch mit Müttern. Ich kann mich an kein einziges Gespräch mit Eltern erinnern, die zum Beispiel Folgendes sagten: »*Unser Bub tut sich in der Schule schwer, aber ich bewundere seinen Fleiß und seine Zähigkeit, mit der er es immer wieder schafft, über die Runden zu kommen.*«

Und natürlich machen sich die Schülerinnen und Schüler die Einstellung der Erwachsenen schnell zu eigen. Wehe, wenn bekannt wird, dass zu Hause fleißig gelernt wird, dann wird aus einem beliebten kleinen Mädchen schnell eine ehrgeizige Streberin.

Die Mädchen sind eindeutig fleißiger als die Jungen, aber solche Wahrheiten kommen nur bei anonymen Befragungen heraus, sonst müssten sich die Mädchen womöglich schämen. Lässt nicht dieses hohe Maß an Fleiß Rückschlüsse auf eine geringere Intelligenz zu? Kein Grund also für die Mädchen, wirklich stolz zu sein, wenn sie gute Noten in der Schule erreichen, ist doch dieser Erfolg – aus der Sicht der Mädchen – immer mit dem Makel behaftet, dass sie solche Leistungen eben »nur« durch Fleiß erlangen konnten. Gefühle von Stolz auf die gute Leistung sind bei Mädchen daher wenig wahrscheinlich und ihr Zutrauen in ihre eigenen Fähigkeiten wird sich durch gute Schulnoten kaum verändern.

Die hohe Wertschätzung von Fleiß in fernöstlichen Kulturen

Würden unsere fleißigen Mädchen in China, Taiwan, Japan oder Korea zur Schule gehen, wären ihre Eltern mächtig stolz auf ihre strebsamen, disziplinierten Töchter, und auch die Söhne würden alles daran setzen, es ihnen gleichzutun. Aber auch die Lehrerinnen und Lehrer wüssten dieses Engagement mehr zu schätzen als dies bei uns, also in westlichen Industrienationen, der Fall ist. In fernöstlichen Kulturen glauben die Eltern fest daran, dass Kinder in einer normalen Schulklasse fast alle über die gleiche oder eine ähnliche Intelligenz verfügen und dass im Wesentlichen der Fleiß und die Anstrengung des Kindes über seinen schulischen Erfolg entscheiden. Es gilt in diesen Ländern als große Schande, wenn Menschen nicht alles geben, um erfolgreich zu sein. Die immer wieder zu beobachtende Leistungsüberlegenheit der Schülerinnen und Schüler aus fernöstlichen Ländern könnte gut damit zusammenhängen, dass hier der Fleiß und die Anstrengung des Kindes eine hohe Wertschätzung erfahren und die menschliche Intelligenz als beeinflussbar angesehen wird.

Was ist nun richtig, ist die Intelligenz wirklich eine so unveränderbare Eigenschaft des Menschen?

Bekanntlich setzt sich jede Leistung – auch die Schulleistung – aus der Fähigkeit (aus der angeborenen Intelligenz) und aus der Anstrengung zusammen. Bei geringer Intelligenz ist selbstverständlich ein höheres Maß an Anstrengung erforderlich.

Wir können aber unsere schlauen Mädchen ganz gut trösten. Die aktuelle Leistung zum Beispiel bei einer Schularbeit kann man sehr schnell durch eine gezielte Vorbereitung steigern, um hingegen die Intelligenz, also zum Beispiel die allgemeine Fähigkeit in Mathematik zu steigern, braucht es schon eine längere Zeit. Das ist erheblich mühsamer, aber es ist durchaus möglich. Unsere fleißigen Mädchen werden also nicht nur ihre aktuelle Leistung in dem einen oder anderen Fach steigern, sondern auf längere Sicht steigern sie auch gleichzeitig immer ihre allgemeinen Fähigkeiten in diesen Wissensbereichen.

Wie kommt es zu der Annahme, dass sich die Intelligenz eines Menschen nicht verändert?

Wenn wir an eine normale Schulklasse denken, so werden wir in aller Regel darin übereinstimmen, dass über viele Schuljahre hinweg immer dieselben Schülerinnen und Schüler zu den »Guten« gehörten, und dass es eine andere Gruppe von Schülerinnen und Schülern gab, die eher Probleme hatten. Das scheint tatsächlich dafür zu sprechen, dass Intelligenz das ausschlaggebende Merkmal ist, das den Schulerfolg mehr oder weniger garantiert und sich über viele Jahre als stabil erweist.

Was bei einer solchen oberflächlichen Betrachtung außer Acht bleibt, ist der Umstand, dass die »Guten« neben ihrer mehr oder weniger hohen Intelligenz in aller Regel auch gleichzeitig günstige Anregungsbedingungen in ihrem Elternhaus vorfanden, also eher Eltern hatten, die hinter der Schule standen, die selbst ein gutes Vorbild für ihre Kinder waren, die es verstanden, ihre Kinder zum Lernen zu ermuntern, oder jedenfalls eine effiziente Nachhilfe für den Nachwuchs organisierten und so auf vielfältige Art jedenfalls dafür sorgten, dass ihre Kinder in der Schule ihr Bestes gaben. Wir können davon ausgehen, dass sich auch das im Verlauf der Schulzeit in aller Regel nicht grundsätzlich geändert hat.

Umgekehrt können sehr begabte Kinder unter sehr ungünstigen Lebens- und Lernbedingungen leiden, die sie im Verlauf der gesamten Schulzeit daran hindern, ihre angeborene Intelligenz entsprechend zu entfalten.

Eines steht fest: Unsere negative Einstellung zum Thema Fleiß und Disziplin hindert unsere Mädchen, aber auch unsere Jungen daran, in der Schule ihr Bestes zu geben. Die Mädchen, weil sie als Streberinnen und überehrgeizige Schülerinnen diskriminiert werden, die Jungen, weil sie sich lange im Glanz ihrer angeblichen geistigen Überlegenheit sonnen können, ohne sich für die Schule zu engagieren.

Spätestens wenn Schülerinnen und Schüler zu einem späteren Zeitpunkt ins Berufsleben eintreten, wird die fehlende Arbeitsmoral nicht mehr als Zeichen einer hohen Intelligenz eine Wertschätzung erfahren. Ganz im Gegenteil. Hier werden die Kollegen wenig Verständnis dafür aufbringen, wenn sich jemand – mit Berufung auf seine tollen Fähigkeiten – wenig anstrengt und andere Mitarbeiter das fehlende Engagement dann ausgleichen müssen.

TIPPS

- Mehr oder weniger jedes Kind möchte seinen Eltern gefallen. Wenn unsere Kinder etwas tun, was uns nicht gefällt, zum Beispiel faul sind, sollten wir herausfinden, warum das so ist. Wenn Eltern also vor allem dann liebevoll auf ihren Nachwuchs schauen, wenn dieser mit geringem Aufwand eine gute Schulleistung zustande gebracht hat, sich also als »intelligent« erwiesen hat, dann drehen sie quasi an der falschen Schraube. Der einzige Weg, die Intelligenz zu entwickeln, ist die Anstrengung. Richten Sie also eher den liebevollen Blick immer auf das Bemühen Ihres Kindes und weisen Sie gleichzeitig auf die damit verbundene Kompetenzsteigerung hin. So etwa in der Art: »Ich bin wirklich stolz darauf, dass du so konsequent gelernt hast, das war sicherlich nicht leicht für dich, da musstest du auf vieles verzichten, aber man sieht jetzt, dass du schon sehr viel besser im sprachlichen Ausdruck geworden bist. Wenn du weiter so fleißig bist, kannst du richtig gut in Deutsch werden.«
- Bei Mädchen, die fleißig üben, können Hinweise auf kleine Kompetenzsteigerungen sehr hilfreich sein, zum Beispiel so: »Na so etwas, das geht ja schon wie der Wind und dazu noch fast fehlerfrei, ich fürchte, ich habe deine Fähigkeiten unterschätzt.«

Mädchen haben nicht so ein »dickes Fell« wie die Jungen

Karin war eine besonders tüchtige Schülerin und durchaus zuversichtlich, mit den neuen Anforderungen im Gymnasium auch zurechtzukommen. In ihrer ersten Mathematikstunde im Gymnasium wollte sich die neue Lehrerin ein Bild davon machen, was ihre neuen Schülerinnen und Schüler so können, und ließ die Kinder ein paar Probeaufgaben lösen. Sie ging durch die Bankreihen und blieb bei Karin stehen, die ein Problem damit hatte, eine Aufgabe zu lösen. »Das solltest du aber schon können«, maulte die neue Gymnasiallehrerin. Karin schämte sich. »Was denken jetzt wohl die neuen Klassenkameraden, halten die mich jetzt für blöd?« Sie fühlte sich unglücklich, kein guter Einstieg in die neue Schule.

Ein Bub würde in einer vergleichbaren Situation eher in folgender Weise reagieren: »*Blöd, das hab' ich in den Ferien verlernt, kein Problem, wird schon wieder*«, und nach fünf Minuten hätte er vermutlich alles wieder vergessen. Karin erinnert sich an diese »Schmach« noch im Erwachsenenalter.

Wird nun unsere Gymnasiastin nach dieser etwas unbedachten Äußerung ihrer neuen Lehrerin gleich die Segel streichen? Das würde wohl nur dann passieren, wenn das junge Mädchen sich selbst nichts zutraut, wenn es glaubt, dass es an der bestehenden Situation nichts ändern kann.

Die Unzufriedenheit über ein schulisches Versagen allein kann durchaus auch zu einem verstärkten Bemühen führen. So hat zum Beispiel unsere junge Schülerin sogleich noch mal in ihre alten Bücher geschaut und ihr Vorwissen noch einmal aufpoliert.

Das wird aber nur dann geschehen, wenn das Kind in seiner Entwicklung häufig die Gelegenheit hatte, sich selbst als Ursache für die zahlreichen kleinen und großen Erfolge in seinem Leben zu sehen, wenn es sich somit für befähigt hält, in seinem Leben etwas zu bewirken, wenn es sich als tüchtig erleben konnte (vergleiche dazu Kapitel 1). Würde sich unsere Schülerin nichts zutrauen, sähe sie in der Bemerkung ihrer Lehrerin eher eine Bestätigung zu ihrer inneren Überzeugung: »Ich bin eben gänzlich ungeeignet für das Gymnasium, ich werde das nie und nimmer schaffen.«

Mädchen wollen nicht unbedingt besser sein als andere

Es sind nicht nur die Eltern oder die Lehrerinnen und Lehrer, die manchmal dazu neigen, den Mädchen zu vermitteln, dass man ihnen weniger zutrauen kann als den Burschen, es geht auch um die schon früh erworbene Vorliebe der meisten Mädchen, mit den Menschen in ihrer unmittelbaren Umgebung gut auszukommen, Freundschaften zu schließen, nicht anzuecken. So günstig sich das eher friedfertige Verhalten der Mädchen – jedenfalls bis zum Beginn der Pubertät – auf andere Menschen auswirkt, so ungünstig kann es sich in der Schule auswirken. Gefühle von Stolz über besondere Eigenheiten, Fähigkeiten oder Leistungen werden eher unterdrückt, schon um nicht aufzufallen.

Ein stolzes Mädchen stößt noch immer auf viel Unverständnis

Die zwölfjährige Schülerin Laura beherrschte schon vier Sprachen fast perfekt in Wort und Schrift und war im Englischunterricht erheblich unterfordert. Als ihre Lehrerin jedem Kind ein englisches Buch zuteilte, erhielt auch unser »Sprachgenie« ein sehr leichtes Buch zur Lektüre zugeteilt. Als Laura um ein etwas anspruchsvolleres Buch bat, wurde dieses Ansinnen von der Lehrerin brüsk zurückgewiesen. Sie wurde sogleich angeschnauzt: »Du kriegst keine Sonderbehandlung.«

Man kann sich leicht vorstellen, dass ein entsprechend begabter Schuljunge, der seinen Mitschülerinnen und Mitschülern weit voraus gewesen wäre, wohl kommentarlos eine anspruchsvollere Lektüre von seiner Lehrerin bekommen hätte. Aber wenn ein Mädchen mit solchen Kompetenzen – wenn auch indirekt – auf seine besondere sprachliche Überlegenheit aufmerksam macht, dann muss es schnell »gedeckelt« werden, das wäre ja noch schöner!

Auch hinter dieser zweifellos unbedachten Äußerung einer Lehrerin verbirgt sich die latent immer noch vorhandene Erwartung an die heranwachsenden Töchter, nämlich einfach und unauffällig zu funktionieren.

Bemerkenswerte Fähigkeiten in traditionell weiblichen Bereichen, wie die gute Köchin, die liebevolle, tüchtige Mutter und die perfekte Gastgeberin zu sein, werden den Mädchen und den jungen Frauen gerne zugestanden. Das Eindringen in einen Bereich, der vor noch nicht allzu langer Zeit fast ausschließlich von Jungen und Männern dominiert wurde, löst nach wie vor Befremden aus und wird auch manchmal als »ungehörig« betrachtet. Klischeevorstellungen über die angebliche geistige Überlegenheit der Männer sind zäh, sie halten sich, auch wenn sie von der gesellschaftlichen Entwicklung längst überholt sind.

Ein nach außen kommunizierter Stolz auf eigene geistige Fähigkeiten ist hingegen für Jungen und Mädchen nicht angemessen

Gefühle von Stolz sind ein wichtiger Motor, um die Leistungsbereitschaft von Schülerinnen und Schülern zu steigern, ein nach außen kommunizierter Stolz wird jedoch als unangenehm erlebt. Würde ein Kind damit prahlen, dass es in Mathe hoch begabt sei, würde es indirekt für die Klassenkameraden bedeuten, dass sie dümmer wären – kein angenehmes Gefühl! Es gehört also zur sozialen Kompetenz, dass Kinder lernen, auch die Gefühle anderer mitzuberücksichtigen. Der Stolz auf die eigenen Leistungen und Kompetenzen ist wichtig und leistungsfördernd, aber ein eher inneres Gefühl, weil man etwas besser kann als vorher oder weil man sein persönliches Ziel erreicht hat. Es ist also auf die eigene Lebensgeschichte bezogen. Es ist der Stolz, der, wie bereits berichtet, schon bei Kleinkindern im Laufstall zu beobachten ist, wenn dem Kleinen etwas gelungen ist, was zuvor nicht möglich war. Es kann aber auch der Stolz einer Schülerin sein, die trotz vieler Schwierigkeiten, etwa weil sie von ihren Eltern keine Unterstützung erhielt und mit größeren Lese- und Rechtschreibschwierigkeiten zu kämpfen hatte, gleichwohl in der Schule zunehmend bessere Leitungen zustande brachte. Solche leistungsanregenden Gefühlszustände benötigen keine Unterstützung von außen. Unterstützung brauchen Mädchen nur dann, wenn sie nicht stolz auf ihre Leistungen sein können. Werden solche Gefühle jedoch nach außen kommuniziert, werden sie eher als unangenehm erlebt. Der »Prahlhans« wird auch im späteren Leben nur wenige Freunde finden und das gilt für die Buben ebenso wie für die Mädchen.

Lassen sich Schülerinnen oder Schüler hingegen auf Wettbewerbssituationen ein, mit klaren Regeln darüber, wer am Ende der Sieger oder der Verlierer ist, etwa beim Raufen, beim Sport oder beim Spiel, gehört auch der zur Schau getragene »Stolz des Siegers« zum Spiel. Er ist oft deutlich zu erkennen an der Mimik und daran, dass sich die Gewinner groß machen und ähnlich wie die Kleinkinder die Arme hochreißen. Auch hier wird der Verlierer enttäuscht sein, aber er weiß, beim nächsten Mal kann alles wieder ganz anders aussehen.

Der zur Schau getragene Stolz nach einem gewonnenen Wettbewerb kann auch durch unfaire Mittel erreicht werden – etwa durch Doping beim Sport –, der innere Stolz über erfreuliche Leistungsfortschritte kann hingegen nicht so leicht überlistet werden.

In der Schule wird ganz bewusst ein Wettbewerb um die besten Leistungen nicht gefördert, weil sich Kinder unterschiedlich entwickeln und ein kleiner Entwicklungsrückstand noch nichts über die spätere Leistungsfähigkeit eines Kindes aussagt. Sehr wohl aber können Kinder, die noch nicht so weit sind, leicht entmutigt und damit an der Entfaltung ihrer Fähigkeiten gehindert werden. Darüber hinaus soll das Miteinander und nicht die Rivalität unter den Schülerinnen und Schülern gefördert werden.

Unsere Mädchen schöpfen ihr Begabungspotenzial nicht aus

Wenn man nun sieht, wie sehr noch immer den Mädchen in der unterschiedlichsten Weise direkt und indirekt vermittelt wird, dass sie weniger wichtig, wertvoll, kompetent sind, dass sie eher ihr »Licht unter den Scheffel stellen sollten«, dass man ihnen das leistungsförderliche

Gefühl von Stolz erst gar nicht zugestehen mag, weil sie ja »nur fleißig sind«, dann wird man sich vielleicht wundern, warum unsere Mädchen deutlich fleißiger sind als die Jungen, denen solche Probleme eher fremd sind.

Mädchen erledigen zumindest ihre Pflichten, vor allem, um Ärger zu vermeiden

Das schon oben angesprochene Bedürfnis vieler Mädchen nach einem harmonischen Miteinander wirkt sich nicht nur günstig auf das soziale Miteinander aus, sondern es veranlasst die Mädchen auch, zumindest das zu tun, was man von ihnen erwartet.

Sie werden jedenfalls ihre Pflicht erledigen, also Hausübungen anfertigen, Vokabeln lernen und Ähnliches, um mit den Eltern oder mit der Schule keinen Ärger zu bekommen. Wenn es ihnen wichtig ist, mit ihrer Familie, mit den Lehrerinnen und Lehrern in Frieden zu leben, werden sie sich auch auf eine Schularbeit vorbereiten, schon um das Klassenziel zu erreichen. Wäre ja auch schrecklich, nicht mehr mit der liebsten aller Freundinnen in einer Klasse zu sein.

Auch solche Tätigkeiten können mit dem Gefühl von Zufriedenheit verbunden sein, wenn die unangenehme Pflicht endlich vorüber ist, ähnlich wie eine Hausfrau, die ihre Wohnung geputzt und auf Hochglanz gebracht hat und sich erschöpft in ihren Sessel fallen lässt. Das schlechte Gewissen, das sie möglicherweise – angesichts größerer Staubwolken unter den Betten – geplagt hatte, konnte sie jetzt beruhigen. Auch sie genießt unter Umständen das Gefühl von Zufriedenheit, was sie vielleicht veranlasst, die gleiche Prozedur in einem halben Jahr zu wiederholen.

Um es kurz zu sagen: Wer nicht an seine eigenen Fähigkeiten glaubt, keine Gefühle von Stolz erwartet, wenn etwas Schwieriges gelungen ist, kann durchaus motiviert sein, seine Pflichten zu erledigen, um Unangenehmes zu vermeiden, aber eben nicht viel mehr.

Und was wird aus unseren tüchtigen, fleißigen Mädchen werden, die vor allem gelernt haben, ihre Pflicht zu erledigen, wenn sie ins Arbeitsleben eintreten?

Wir können erwarten, dass die zukünftigen Arbeitgeber ein leichtes Spiel haben werden mit unseren verunsicherten Mädchen: Aller Voraussicht nach werden sie sich schnell mit einem geringeren Gehalt zufriedengeben: »Es geht ja nur um einen Zuverdienst«, oder? Aber auch die männlichen Kollegen werden sehr zufrieden sein mit der tüchtigen Mitarbeiterin, die ja »nur« ihre Pflichten erfüllt, die darin auch nichts »Besonderes« sieht und so gar nicht erst auf die Idee kommt, ein besseres Gehalt einzufordern oder gar befördert zu werden. Keine erfreulichen Perspektiven für unsere tüchtigen Mädchen.

Ein Motivationsschub für Kati

Kati ging in die vierte Klasse, erledigte normalerweise brav ihre Hausaufgaben, aber keinen Strich mehr als eben notwendig. Sie konnte nicht besonders schön schreiben und mit der Rechtschreibung stand sie noch etwas auf »Kriegsfuß«. Eines Tages hatte Kati ihre Hausaufgaben »vergessen«, sie hätte einen Fantasieaufsatz zum Thema »So stelle ich mir die Zukunft vor« schreiben sollen. Ausgerechnet an diesem Tag wurde Kati aufgerufen und sollte ihren Aufsatz vorlesen. In ihrer Not hat Kati sich schnell ihr Heft gepackt, sich eine Geschichte ausgedacht und mit bemerkenswerter Eloquenz vorgetragen. Die Klassenkameraden hörten gebannt zu, aber die Lehrerin bemerkte bald den kleinen Schwindel. Nachdem sie Kati zurechtgewiesen hatte, brachte sie auch ihre Bewunderung für Katis Fähigkeit, schnell und elegant zu formulieren, zum Ausdruck. »Ich hätte gar nicht gedacht, dass du so viel Fantasie hast und so gut formulieren kannst. Das kannst du wirklich gut.«
Dieses Lob ihrer Lehrerin führte prompt dazu, dass Kati in ihrer Freizeit immer wieder kleine Geschichten auf ihrem Laptop schrieb, weil es ihr Spaß machte, und so ganz nebenbei lernte sie auf diese Weise auch, Rechtschreibfehler zu vermeiden.

Die Lehrerin betonte also die *Kompetenz* ihrer Schülerin, und man kann sich leicht vorstellen, dass ein solches Lob aus berufenem Mund sehr glaubwürdig erscheint und in unserer Kultur vor allem Gefühle von Stolz auslöst. Solche angenehmen Gefühle wird sich Kati immer wieder erwarten, wenn sie ihre kleinen Geschichten schreibt.

Wie können wir unseren verunsicherten Mädchen am besten helfen?

So kann man feststellen, ob sich die Tochter in der Schule zu wenig zutraut

Fragen Sie Ihre Tochter nach besonders guten und nach besonders schlechten Leistungsergebnissen in der Schule, nach den Gründen, worauf sie selbst ihren Erfolg oder ihren Misserfolg zurückführt.

Zum Beispiel nach einer misslungenen Schularbeit: »Was glaubst du, warum es diesmal nicht geklappt hat?« Bringt das Mädchen in irgendeiner Weise zum Ausdruck, dass es ganz einfach zu wenig getan hat, weiß es ganz gut, was zu tun ist, um ein erneutes Scheitern zu verhindern. Dann muss man sich nicht weiter beunruhigen.

Äußert es sich hingegen in der Weise »Das schaffe ich nie, dazu bin ich einfach zu blöd«, dann ist das Kind quasi mutlos und hilflos und der nächste Misserfolg ist vorprogrammiert.

War das Mädchen hingegen besonders erfolgreich und bringt zum Ausdruck, dass es dieses Mal eben Glück gehabt hat, weil genau das behandelt wurde, was es zuvor gelernt hat, oder dass die Aufgabenstellung sehr leicht gewesen wäre, dann ist auch das oder Ähnliches ein deutlicher Hinweis auf das fehlende Zutrauen in die eigene Leistungsfähigkeit. Beim nächsten Mal kann alles wieder ganz anders sein, wenn man eben mal wieder Pech hat.

Beruhigt können Eltern aber dann sein, wenn das Mädchen meint, dass es sich eben leichttut in dem geprüften Fach, oder wenn es darauf hinweist, dass es sich auch gründlich vorbereitet hat. In diesem Fall wird das Mädchen auch beim nächsten Mal wieder mit einem Erfolg rechnen und das wird das Kind anspornen.

So können Sie am besten Unterstützung geben

Mädchen können mit Misserfolgen wesentlich schlechter umgehen als die Burschen, sie versinken leichter in einem Meer von Selbstzweifeln. Entsprechende Hilfe ist dann bei den Mädchen besonders wichtig.

Sportliche, spielerische Wettbewerbssituationen können sich sehr günstig auswirken, einerseits erkennen Kinder oft sehr schnell den Zusammenhang von angestrengtem Training und Erfolg, andererseits lernen sie auch, mit Misserfolgen umzugehen, ohne dass ihr möglicherweise noch sehr labiles Zutrauen in die schulische Leistungsfähigkeit erschüttert wird.

So kann man zum Beispiel die Tochter nach einem verlorenen Tennisspiel nach den Gründen fragen, warum sie selbst glaubt, dass sie das Spiel verloren hat. »Ich war heute nicht fit, ich hatte nicht so die rechte Lust, meine Gegnerin war zu gut, ich muss noch mehr trainieren, der Platz war zu nass« und viele ähnlich Gründe mehr, die das Selbstwertgefühl der Tochter jedenfalls nicht belasten, können jetzt genannt werden. Eine das Selbstwertgefühl beeinträchtigende Ursache für das verlorene Match wäre etwa: »Ich bin unsportlich, wenig geeignet für Tennis.« Diese Begründung ist eher unwahrscheinlich, solange die Tochter freiwillig und gerne Tennis spielt.

Jetzt geht es darum, eine ähnliche Analyse der Gründe für ein Scheitern oder für einen Erfolg im schulnahen Bereich durchzuführen. Etwa bei den Hausübungen: »Warum bist du heute viel besser im Rechnen als noch vor drei Tagen?« Eine Antwort wie »Mal bin ich gut, mal nicht so gut, reiner Zufall« würde darauf hinweisen, dass sich die Tochter im Rechnen noch immer nichts zutraut. Jetzt können Sie zum Beispiel die beim verlorenen Tennisspiel von Ihrer Tochter genannten Ursachen ins Spiel bringen: »Hast du dich beim letzten Mal nicht so recht wohlgefühlt, hattest du mal wieder keine Lust, fehlte es noch ein wenig an der Übung?«

Die Tochter lernt so, auch über andere, »nicht selbstwertvernichtende« Gründe nachzudenken, und die Chancen sind groß, dass bei der nächsten Schularbeit günstigere Ursachen für Erfolg – »Super, ich bin jetzt richtig gut in Mathe« – oder beim Misserfolg – »Blöd, ich hätte mehr üben sollen« – gefunden werden.

TIPPS

- Vergleichen Sie nie die Leistungen Ihrer Tochter mit den Leistungen anderer Kinder, das kann sehr unfair sein! Jedes Kind hat höchst unterschiedliche Lernvoraussetzungen. Besser ist es, die aktuelle Leistung der Tochter mit Leistungen zu vergleichen, die zuvor erbracht wurden. Gab es Fortschritte?
- Trauen Sie Ihrer Tochter genauso viel zu wie Ihrem Sohn und vermeiden Sie unbedachte Äußerungen, die geeignet sind, das Gefühl der Minderwertigkeit bei der Tochter nur noch zu verstärken.
  Dazu einige Anregungen:

  Situation: Wenn Ihre Tochter schon alleine zur Schule gehen möchte.
  Statt: »Nein, das ist noch zu gefährlich für dich« oder »Dazu bist du noch zu klein«.
  Eher: »Probieren wir es doch, ich glaube, du wirst es schon schaffen.« (Wenn keine objektive Gefährdung besteht.)

  Auf die Bitte Ihrer Tochter: »Mama, Papa, kannst du mir bei den Hausaufgaben helfen?«
  Statt: »Zeig her, wo kennst du dich nicht aus?«
  Eher: »Ich glaube, das kannst du ganz gut alleine, wenn du etwas vergessen hast, dann schau in deinen Büchern oder im Computer nach.« Allenfalls, wenn das Kind zu scheitern droht, ein kleiner Hinweis: »Probier es doch mal so.«

  Situation: Sie spielen zum Beispiel Memory mit Ihrer Tochter und sie hat gerade zwei gleiche Karten aufgedeckt.
  Statt: »Na ja, das war jetzt auch nicht mehr allzu schwer.«
  Eher: »Super, gut aufgepasst, du hast ein gutes Gedächtnis.«

Situation: Wenn die Tochter beim Memory die falschen Karten aufgedeckt hat, also gescheitert ist.
Statt: »Du Trottel, das war doch ganz leicht.«
Eher: »Hast du keine Lust mehr?«

- Sensibilisieren Sie Ihre Tochter auch für versteckte Diskriminierungen und ermutigen Sie das Mädchen, sich zu wehren.

Tina freute sich über ihr »Sehr gut« in Mathematik und auch ihre Lehrerin lobte sie: »Brav gelernt«, meinte sie. »Und blöd bin ich auch nicht«, ergänzte Tina. Bravo!

So kann man feststellen, ob ein Kind sich selbst nicht mag

Buben und Mädchen machen sich zunehmend Gedanken darüber, wer sie selbst sind. Sie nehmen dazu Hinweise vor allem von den eigenen Eltern, von Lehrerinnen und Lehrern, von Freunden und Klassenkameraden auf, die Rückschlüsse darauf zulassen, wie sie sind, also ob sie intelligent oder eher etwas dumm erscheinen, ob sie schön oder hässlich, stark oder schwach, sportlich oder unsportlich und vieles mehr sind.

Nun wird jede Schülerin und jeder Schüler individuell selbst entscheiden, was ihr beziehungsweise ihm besonders wichtig erscheint, wie er oder sie gerne sein möchte. Dabei kann es auch schon zur Unzufriedenheit mit dem eigenen Ich kommen, wenn zum Beispiel eine sehr tüchtige Schülerin mit den erfreulichsten Noten sehr viel lieber eine bewunderte Schönheit wäre oder wenn ein sehr sportlicher, starker Junge lieber ein geistiges Genie wäre. Stimmen jedoch die vom Kind als besonders erstrebenswert beurteilten Eigenschaften mit jenen überein, in denen das Kind selbst glaubt, besonders gut zu sein, dann kommt es bei den Kindern auch noch sehr darauf an, ob auch die Eltern oder die Lehrerinnen und Lehrer oder andere wichtige Bezugspersonen der eigenen Einschätzung zustimmen. Wenn es zum Beispiel einem Mädchen besonders wichtig ist, hübsch zu sein, und wenn es auch viele Hinweise erhält, etwa von den Buben in ihrer Klasse, dass es tatsächlich ein schönes Mädchen sei, dann kann auch nur eine einzige abschätzige Bemerkung der Eltern ein zartes Aufkeimen von einem positiven Selbstwertgefühl im Keim vernichten. Schülerinnen und Schüler bewerten sich auf diese Weise selbst und kommen zu der Auffassung, dass sie mit sich so zufrieden sind, wie sie nun einmal sind, oder dass sie sich eher als ein mangelhaftes Wesen sehen. Wer mit seinem »Selbstbild« zufrieden ist, ist nicht nur stolz und psychisch wesentlich stabiler, sondern wendet sich auch mit Zuversicht gerne neuen Aufgaben zu, vor allem, wenn sie geeignet sind, sein positives Selbstbild noch mehr zu stärken.

Um herauszufinden, wie es um das Selbstwertgefühl Ihrer Tochter steht, müssen Sie also zunächst herausfinden, welche Fähigkeiten für Ihre Tochter *besonders wichtig sind.* Geht es beispielsweise eher um schulische Leistungen, um musikalisches, sportliches Können oder sind zwischenmenschliche Kontakte in besonderem Maße wichtig? Danach ist dann wichtig zu erfahren, wie sich Ihre Tochter in dem von ihr bevorzugten Bereich selber einschätzt. Erst dann kann man der Tochter helfen.

So helfen Sie Ihrer Tochter

Zwei Nachbarinnen saßen bei einem Elternabend zusammen und sprachen über ihre beiden Töchter: »Wir bewundern Ihre Tochter so sehr, sie hat fast immer ein ›Sehr gut‹, unsere Tochter schafft das einfach nicht«, meinte die bekümmerte Nachbarin A. »Lustig, mein Mann und ich sind immer voll Bewunderung für Ihre Tochter, sie ist so fantasievoll, so lustig, dagegen ist unsere Tochter wirklich langweilig«, lachte Frau B.

Man ist fast geneigt, den beiden Müttern zu raten, ihre Kinder doch ganz einfach zu tauschen.

Bei jedem Kind wird man, so man nur genau hinschaut, liebenswerte, erfreuliche, beachtenswerte, wertvolle Eigenschaften finden. Unser Blick ist jedoch nur allzu oft auf das gerichtet, was das Kind (noch) nicht kann, welche bemerkenswerten Eigenschaften es nicht hat. Manchen Eltern fällt es besonders schwer, ihre Tochter so anzunehmen, wie sie nun einmal ist, schlimmer noch, dem Mädchen wird es nicht entgehen, dass sie ihre Eltern enttäuscht. Der missbilligende Blick, wenn die Tochter lieber auf ihrer Geige spielen möchte und nicht auf den Tennisplatz will, den der Papa vorgesehen hat, der Seufzer, die gehobenen Augenbrauen, wenn die vielleicht etwas pummelige Tochter nicht in das Kleid passt, das die gute Oma zum Geburtstag geschickt hat, all dies bleibt dem Mädchen nicht verborgen.

Kein Wunder also, wenn sich die Tochter nicht selbst akzeptieren kann, wenn nicht einmal die eigenen Eltern stolz sein können auf ihr kleines Mädchen.

Was immer in dem kleinen verunsicherten Mädchen steckt, eine kleine Tänzerin, eine Mathematikerin, ein kleiner Mozart oder eine tüchtige Lehrerin, nichts wird sich in erfreulicher Weise entwickeln, wenn Kinder nicht das erhalten, was sie so dringend brauchen, nämlich die Anerkennung und Unterstützung ihrer Eltern sowie der Lehrerinnen und Lehrer.

TIPPS

- Richten Sie also Ihren Blick zuerst auf alle positiven Eigenschaften Ihrer Tochter, damit sich ein gesundes Selbstwertgefühl entwickeln kann. Erst wenn Kinder etwas über ihre Fähigkeiten wissen, können Hinweise auf weniger starke Seiten gut verkraftet werden, damit sich allmählich ein zunehmend realistisches Bild von möglichen Stärken und Schwächen entwickeln kann, ein Selbstbild also, mit dem ein Kind gut leben kann.
- Achten Sie auf besondere Interessen und Fähigkeiten Ihrer Tochter. Wenn sich also Ihr kleines Mädchen dafür interessiert, wie so ein Auto funktioniert, dann klappen Sie bitte die Motorhaube nicht gleich zu und bescheiden Ihr Kind mit einem: »Das ist zu schwierig für dich, das wirst du nicht verstehen.« Besser wäre es jetzt, zumindest den Versuch zu unternehmen, Ihrer Tochter das in kindgerechter Form zu erklären, noch besser, wenn Papi zum Beispiel auch in der nächsten Buchhandlung nach entsprechender Lektüre suchen würde.

- Auch die Lehrerinnen und Lehrer in der Schule neigen manchmal dazu, ihren Blick vor allem auf die Defizite der Kinder zu richten. Lassen Sie nicht zu, dass zum Beispiel in einer Elternsprechstunde nur über unerfreuliche Aspekte Ihres Kindes gesprochen wird. Fragen Sie also ausdrücklich danach, welche erfreulichen Seiten in der Schule aufgefallen sind.
  Ich hoffe, es wird Ihnen dabei nicht so ergehen, wie Herrn L., der eine entsprechende Frage an den Lehrer seines Sohnes richtete. Sichtlich konsterniert und nach einer längeren Nachdenkpause meinte er: »Doch, es fällt mir etwas Erfreuliches ein, wenn er nicht da ist, ist es so angenehm in der Klasse!«

Kapitel 4

Coole Jungen

Haben Sie einen »coolen« Burschen, der auf keinen Fall fleißig sein will?

In der Schule ist der Faulpelz meistens männlich

Wenn junge Burschen die zehn Gebote neu formulieren sollten, dann stünde wohl an oberster Stelle: »Ein Junge hat in jeder Situation cool zu sein«, und mit »cool« ist dabei zumeist das Gegenteil von »weibisch« gemeint.

Aber zum Glück kann »cool« unterschiedlich interpretiert werden, wie das folgende Beispiel zeigt.

Auf einer griechischen Ferieninsel führte eine Tanzgruppe am Abend einige Tänze vor, dann sollten alle mittanzen. Drei halbwüchsige Jungen saßen direkt vor der Bühne, und es war nicht zu übersehen, sie wippten, sie bewegten ihren Körper, keine Frage, sie wollten offensichtlich mittanzen, aber das war natürlich »mega uncool«. Plötzlich lief einer der Burschen zu den Eltern: »Das ist jetzt eine richtige Mutprobe, da mitzutanzen.« Die klugen Eltern nickten zustimmend und die Burschen waren für den Rest des Abends die eifrigsten Tänzer.

Mütter und Väter von Schuljungen haben – zumindest im Durchschnitt –wesentlich mehr Probleme mit ihren Söhnen in der Schule als Mädcheneltern: Von einem braven, fleißigen, aufmerksamen Schüler können viele nur träumen. Ein Trost aber sogleich vorweg: Wenn der Sohn die Schule irgendwie geschafft hat, dann wird er aller Wahrscheinlichkeit nach wesentlich mehr verdienen als die brave Musterschülerin, die neben ihm sitzt. Das ist nicht nur deswegen so, weil die Welt ungerecht ist und nach wie vor die Mädchen benachteiligt werden, sondern die Schule ist für die Jungen in unserem System ein wenig geeignetes Lernmilieu. Wenn Sie also einen recht lebhaften, fröhlichen Buben haben, der neugierig darauf ist, die Welt zu erkunden, der manchmal mit seinem Wissen und seinen Fragen herausplatzt, auch wenn es gerade nicht passend ist, der nicht stundenlang auf seinem Stuhl sitzen bleiben kann, der nicht einfach das lernen will, was ihm gerade »serviert« wird, der vielleicht sogar die Frage stellt: »Warum müssen wir das denn lernen?«, dann sind Schwierigkeiten mit der Schule schon vorprogrammiert.

Die Jungen sind im Durchschnitt in etwa genauso begabt wie die Mädchen (auf kleine Begabungsunterschiede wurde in Kapitel 2 bereits hingewiesen). Sie liegen jedoch bei der Beurteilung ihrer Schulnoten deutlich hinter den Mädchen zurück. Die wichtigste Ursache für die schlechtere Beurteilung der Jungen in der Schule wird die Mütter von Schuljungen wenig überraschen: Alle Statistiken zeigen, dass Jungen deutlich weniger für die Schule lernen, sie passen nicht gut auf, machen Unfug, zappeln herum, machen keine Hausaufgaben und bereiten sich weniger intensiv auf Schularbeiten vor. Eigentlich erstaunlich, bringen doch die Jungen etwas sehr Wertvolles mit in den Unterricht.

Sein Credo: So, wie ich gebaut bin, schaffe ich das locker

Die besten Voraussetzungen also für das schulische Lernen. Die landläufige Erfahrung, dass man das gerne tut, was man besonders gut kann, lässt sich auch statistisch belegen. Wer sich etwas zutraut, wird einen Erfolg nach seinem Bemühen erwarten, verbunden mit Gefühlen von Stolz und Zufriedenheit. Und diese angenehme Erwartung treibt den Menschen an, sich immer wieder mit solch herausfordernden Aufgaben zu beschäftigen. Wenn also ein Junge von seinen mathematischen Fähigkeiten überzeugt ist, sollte er gerne herausfordernde, schwierige Aufgaben rechnen, weil die erfolgreiche Lösung solcher Aufgaben ihm immer wieder bestätigt, dass er wirklich spitze ist in Mathematik. Nun mag man vielleicht glauben, dass die Jungen nur prahlen, wenn sie bei wissenschaftlichen Untersuchungen danach befragt werden, ob sie sich für befähigt halten.

Die Jungen *berichten* nicht nur bei den zahlreichen wissenschaftlichen Untersuchungen davon, dass sie sich zum Beispiel für sehr begabt halten – ungeachtet der Tatsache, dass sie schlechtere Noten in der Schule haben als die Mädchen –, sie scheinen das auch wirklich zu glauben: Die umfangreichen Untersuchungen von Eder zeigen auch, dass Jungen durch die Schule deutlich weniger als die Mädchen psychisch belastet sind, also zum Beispiel weniger häufig niedergeschlagen oder traurig sind, seltener Hemmungen beim Sprechen oder Angst vor der Schule haben, kaum über plötzliches Herzklopfen oder Schweißausbrüche klagen, und auch Beschwerden wie Übelkeit, Bauchweh oder Störungen beim Schlafen kommen bei den Burschen deutlich seltener vor. Diese psychischen Belastungen sind auf allen Schulstufen bei den Burschen deutlich geringer als bei den Mädchen. Die hohe Selbstzufriedenheit der Jungen führt also zu einer psychischen Stabilität und zu Wohlbefinden – ein Vorteil, nicht nur in der Schulzeit, sondern für das ganze Leben.

Zehn Stolpersteine auf dem Weg zum guten Schüler

1. Angepasst, strebsam, fleißig sein ist in Jungengruppen eher uncool

Während die meisten Mädchen vor allem deswegen gerne in die Schule gehen, weil sie dort mit ihren Freundinnen zusammentreffen und sich in kleinen Gruppen von etwa zwei bis drei Mädchen wohlfühlen, geht es den Burschen in erster Linie darum, sich einen hohen Rang in der Klasse zu erkämpfen. Sie fühlen sich vor allem dann in der Schule wohl, wenn sie in ihrer Klasse anerkannt sind, wenn sie von ihren Mitschülern geschätzt werden, wenn sie cool erscheinen. Was in der Klasse als »cool« gilt, ist unter den meisten Burschen schnell klar; angepasst, strebsam, fleißig oder gar brav zu sein gehört – zum Kummer der Eltern und zur Freude des Sohnes – in aller Regel eher nicht zum coolen Image. Tolle Schulleistungen sind durchaus wichtig, sofern sie nicht durch »Streberei«, sondern – scheinbar – mühelos erzielt wurden. So haben Schüler mit guten Schulnoten in aller Regel ein hohes Ansehen bei ihren Mitschülern, allerdings nur dann, wenn sie sich gleichzeitig ein wenig aufmüpfig zeigen und eine kritische Haltung gegenüber den Lehrerinnen und Lehrern einnehmen. Der Schüler mit Supernoten steht quasi zwischen zwei unterschiedlichen Erwartungen: Seine Eltern, die Lehrerinnen und Lehrer erwarten von ihm, dass er neben seinen Schulerfolgen auch endlich mal seine Disziplinprobleme in den Griff bekommt, seine Mitschüler fordern das Gegenteil. Enttäuscht er die Erwachsenen, ist er ständig mit Vorhaltungen konfrontiert. Enttäuscht er die Wünsche seiner Mitschüler, kann ihm schlimmstenfalls eine Mobbingsituation drohen. Die Kombination von Supernoten und superbrav funktioniert bei den meisten Burschen nicht. Da darf man nicht zu viel vom Sohn erwarten – man kann allenfalls darauf achten, dass sich die Aufmüpfigkeit in Grenzen hält.

TIPPS

- Sehr empfindlich reagieren Jungengruppen darauf, wenn Burschen ein Verhalten zeigen, das eher als weiblich gilt. So kann zum Beispiel das gut gemeinte Lob der Eltern oder eines Lehrers, zum Beispiel »Da hast du aber brav gelernt«, sehr schmerzlich für einen Buben sein. Fleißig sein gilt in vielen Jungengruppen als »weibisch«, lässt doch diese Anstrengung – aus ihrer Sicht – auf eine Begabungsschwäche schließen, und Schwächen zu zeigen ist in Jungengruppen natürlich verpönt. Man wird also sehr auf die Wortwahl achten müssen, also statt »Brav gelernt« eher »Das war gar nicht so leicht, auf vieles zu verzichten, da warst du stark und hast dein Ziel erreicht«.
- Rangkämpfe werden oft auch körperlich ausgetragen. Sportliche, große, starke Jungen haben es leichter, kleine, eher schmächtige, in der körperlichen Entwicklung etwas zurückgebliebene Buben können sehr unter der fehlenden Wertschätzung ihrer Klassenkameraden leiden. Schauen Sie also genauer hin, welche anderen Stärken Ihr zierlicher Bub hat, und fördern Sie ihn dort, auch wenn sich seine besonderen Talente nicht mit »Sehr gut« oder »Gut« bewerten lassen. Zumindest kann man sein Ansehen in der Klasse steigern.

2. Mädchen erledigen ihre Pflichten, Jungen tun eher das, was ihnen Spaß macht

Wir haben es bereits im ersten Kapitel besprochen: Mädchen sind mehr als die Jungen auf Harmonie aus, sie wollen mit ihren Eltern, den Lehrerinnen und Lehrern und vor allem mit ihren Freundinnen liebevolle, freundliche Kontakte, und so erledigen sie meistens klaglos ihre Pflichten – aber eben auch nicht mehr –, vor allem um das harmonische Zusammensein nicht zu beeinträchtigen. Das birgt leider auch den Nachteil in sich, dass sie stärker dazu tendieren, ihre besonderen

Fähigkeiten, Interessen und Neigungen zu verleugnen, also ihr Licht unter den Scheffel zu stellen.

Buben sind vor allem auf das aus, was ihnen Spaß macht. Im Gegensatz zu den Mädchen, die sich gerne in Gruppen einordnen, stellen Jungen lieber ihre Individualität in den Vordergrund und fragen sich mehr, was an ihnen »besonders« ist, welche besonderen Fähigkeiten und Neigungen sie von den anderen Jungen unterscheiden. Jungen werden auch eher als die Mädchen von ihren Eltern darin unterstützt, dass sie eigene Interessen entwickeln und diesen auch nachgehen, auch darin, dass sie sich in der Schule auf ihr Lieblingsfach konzentrieren. In diesen Fällen haben die Jungen natürlich auch sehr gute Schulnoten, und es scheint, dass das Engagement für den Gegenstand des Interesses auch von der Jungengruppe als männlich akzeptiert wird – nimmt sich doch der Junge heraus, dass er nicht einfach alles lernt, was ihm vorgesetzt wird, sondern seine eigenen Interessen verfolgt.

TIPP

- Versuchen Sie, das Feld seiner Interessen auszuweiten, zum Beispiel durch Gespräche in der Familie über interessante Forschungsergebnisse, durch gemeinsame Museumsbesuche oder auch altersgerechte Lektüre.

3. Wenig Erfolg in der Schule, dafür aber leichte Erfolge beim Computerspiel

Dafür sorgen schon die Produzenten dieser Spiele, die offensichtlich wissen, was vielen unserer Jungen fehlt. Bei den Computerspielen ist der Bursche oft selbst Akteur von zumeist gewalthaltigen Spielen, hier kann er (männliche) Stärke zeigen, schwierige Gefechte gewinnen, sich als überlegener Sieger fühlen. Mehr noch, seine vielleicht ins Wanken geratene Weltanschauung von der grundsätzlichen Überlegenheit des männlichen Geschlechts als stärker, besser, mutiger kann leicht wieder zurechtgerückt werden. Hier erlebt er, als »Chef« des Geschehens, dass er sich ganz erheblich von den Mädchen unterscheidet, dass er stärker und tapferer ist. Kurz, er wird sich in seiner virtuellen Welt – anders als in der Schule oder bei der Erledigung seiner Hausaufgaben – ausgesprochen wohlfühlen.

Neben Ego-Shooter-Spielen gibt es zahlreiche Angebote, in denen sich der Nachwuchs zum Beispiel – ziemlich realitätsnahe – als Pilot, Autofahrer oder gar als Herrscher der Welt erproben kann, und natürlich finden sich auch zahlreiche traditionelle Spiele, wie zum Beispiel Schach oder Poker, auf der Angebotspalette. Solche Spiele sind eher so etwas wie eine moderne Variante des normalen Spiels bei den Kindern und Jugendlichen, die oft auch gemeinsam mit Freunden gespielt werden. Wie bei jedem Spiel lernen die Kinder dabei auch vieles: So erweitern Spiele grundsätzlich die Handlungsmöglichkeiten des Heranwachsenden und Spiele nach Regeln dienen auch immer der Eingliederung in die Gesellschaft. Andere Spiele verlangen zumindest basale Kenntnisse der englischen Sprache, viele Spiele fördern die Kreativität und nicht zuletzt auch den perfekten Umgang mit dem Computer. Sorgen macht hier vor allem die Zeit insgesamt, die unsere Jungen mit Medien zubringen.

Der Inhalt von Ego-Shooter-Spielen ist allerdings vor allem auf den Geschmack von Jungen abgestellt, und wenn man sich die Verkaufszahlen anschaut, dann sind es vor allem solche Spiele, die auf der Einkaufsliste der Buben stehen. Wenn Jungen seltener als die Mädchen mit Supernoten ihre Überlegenheit demonstrieren können, sondern sogar immer öfter schmerzverzerrt zur Kenntnis nehmen müssen, dass die Mädchen sogar in Mathematik – bislang eher eine Jungendomäne – bessere Leistungen erbringen, dann wirken solche Computerspiele wie Balsam auf einer wunden Seele, weil sie schnelle Erfolge in einem typisch männlichen Bereich ermöglichen.

Wen wundert es, dass der Wunsch nach immer neuen Spielen dieser Art zu vielen Kaufentscheidungen führt, dass sich vor allem Jungen oft nichts, aber auch gar nichts anderes mehr wünschen als immer neue, letztlich gleiche Spiele.

Studien zum Konsum von Computerspielen mögen im Hinblick auf eine Gefährdung der Kinder und Jugendlichen durch den gewalthaltigen Inhalt zu recht unterschiedlichen Ergebnissen kommen (mehr dazu in Kapitel 7), in einem Punkt besteht allerdings Einigkeit: Kinder, die besonders häufig Computerspiele und hier vor allem *gewalthaltige Spiele nützen, sind zumeist männlich, schlecht in der Schule und eher in der Hauptschule.* Sie haben eher eine schlechte Meinung von sich selbst und waren in ihren Schulklassen eher die Außenseiter. Je häufiger gespielt wird, desto geringer war die Selbstachtung.

Die Gruppe der guten männlichen Gymnasiasten, die meisten Schülerinnen und gute, in ihrer Klasse auch anerkannte Hauptschüler lesen eher in ihrer Freizeit, und hier nicht nur Zeitungen und Hefte, sondern auch Bücher, und sind deutlich weniger an Computerspielen interessiert.

Eines steht fest, und zwar dass vor allem Jungen, die sich in der Schule nicht wohlfühlen, etwa weil sie von den Gleichaltrigen wenig akzeptiert werden, weil sie in ihrer körperlichen Reife noch ein wenig zurück sind oder weil sie nicht die Leistungen schaffen, die sie sich wünschen, in eine Welt flüchten, in der sie ihre Träume realisieren können. Der statistische Zusammenhang zwischen schlechten Schulleistungen und dem häufigen Konsum von zumeist gewalthaltigen Computerspielen ist nur allzu deutlich.

TIPPS

- Wenn in der Familie viel Anregendes, Aufregendes passiert, viel unternommen wird, reduziert sich der Medienkonsum insgesamt.
- Lernen ist kein Spiel – es fehlt vor allem der Aspekt der Freiwilligkeit –, sondern Arbeit, aber Eltern können doch etwas von den Produzenten dieser Spiele lernen, um die Motivation des Nachwuchses zu steigern:

  Wenn sich Ihr Sohn zum Beispiel auf eine Schularbeit vorbereiten sollte, dann gelten folgende Empfehlungen:
  - Fangen Sie möglichst früh mit der Vorbereitung an, damit man entspannt lernen kann und nicht in eine »Stresssituation« gerät.
  - Der Sohn sollte sich die Übungsaufgaben inklusive Schwierigkeitsgrad selbst auswählen können.
  - Er sollte zu Beginn möglichst schnell zu kleinen Erfolgen kommen können.

- Er sollte möglichst unmittelbar eine kleine Rückmeldung bekommen, so in dem Sinne von: »Super, das kannst du jetzt, nun kannst du dir schon eine schwierigere Aufgabe zutrauen.« Sie müssten also dem Sohn hin und wieder über die Schulter schauen.
- Bitte keine Kritik, sondern dann, wenn etwas misslungen ist, eher ein ermunterndes »Probier es noch einmal, ich glaube, dann schaffst du es«.

4. Mehr Buben als Mädchen erfahren schon in der ersten Grundschulklasse, dass sie mit ihren schulischen Leistungen keinen Blumentopf gewinnen können

Mehr Jungen als Mädchen leiden unter einer Lese- und Rechtschreibschwäche

Viele Eltern sind erstaunt. Sie haben ein blitzgescheites Kind, aber mit dem Lesen, mit der Rechtschreibung will es so gar nicht klappen. Wenn man dann in der Familiengeschichte etwas nachforscht, wird man höchstwahrscheinlich auf einen Opa, einen Onkel oder auf den Papa selbst stoßen, der in seiner Schulzeit ähnliche Schwierigkeiten gehabt hat, auch wenn man in der Vergangenheit diese Schwäche noch nicht als Legasthenie erkannt und bezeichnet hat. Legasthenie kann manchmal in einer sehr schwachen Ausprägung auftreten, ein andermal in einer sehr ausgeprägten Weise. Die besonders starke Beeinträchtigung durch eine Lese- und Rechtschreibschwäche tritt bei den Jungen zehnmal häufiger auf als bei den Mädchen.

Zwillingsstudien zeigen, dass die Lese- und Rechtschreibschwäche vererbt wird. Bei eineiigen Zwillingen liegt die Wahrscheinlichkeit, dass beide Kinder gleichermaßen von dieser Störung betroffen sind, bei 91 Prozent. Das mag zunächst ein wenig trösten, in aller Regel ist ja aus den Verwandten auch was Gescheites geworden, aber für einen Schuljungen bedeutet diese Schwäche eine große Hürde. Viele Schulabbrecher haben eine Lese- und Rechtschreibschwäche.

Wie also kann man sein Kind am besten unterstützen?
Die wohl sicherste Erkenntnis der Pädagogik, die durch zahlreiche wissenschaftliche Untersuchungen abgesichert ist, ist die, dass Kinder wesentlich besser lernen, wenn Lernen mit für sie angenehmen Gefühlen wie Freude, Spaß, Stolz, Interesse verbunden ist, und dass sie deutlich weniger motiviert sind zu lernen, wenn Lernen mit Gefühlen von Enttäuschung, Scham, Ärger verbunden ist. Und hier beginnt oft das Problem mit Kindern und vor allem mit Jungen, die bei einer durchaus normalen, vielleicht auch sehr hohen Intelligenz Probleme mit dem Lesen und Schreiben haben, vor allem in der Grundschule, wo das richtige Lesen und Schreiben den Unterricht fast dominiert. Aus ihrer Perspektive sehen sie, dass sie einen Makel haben, dass sie nicht so sind wie die anderen Schüler, dass sie ihre Eltern enttäuschen müssen, schlechte Noten in Deutsch haben, möglicherweise auch in der Klasse gehänselt werden, vor allem wenn sie auch im fortgeschrittenen Alter immer noch nicht zügig lesen können, vielleicht sogar so etwas wie eine Nachhilfe in Anspruch nehmen müssen, um irgendwie über die Runden zu kommen.

TIPPS

- Das Wichtigste für Eltern ist also, dem Kind zu erklären, dass es normal begabt ist – was man ja daran erkennt, dass es in den übrigen Fächern keine besonderen Probleme hat –, dass es aber leider neben vielen sehr erfreulichen Eigenschaften wie zum Beispiel seinem musikalischen, sportlichen, naturwissenschaftlichen Talent, seinen hohen sozialen Fähigkeiten, seiner Hilfsbereitschaft usw. auch die Probleme mit dem Lesen und Schreiben geerbt hat. Günstig ist es, wenn man auf nahe Verwandte hinweisen kann, die ähnliche Probleme in der Schulzeit hatten und gleichwohl einen Weg gefunden haben, damit fertig zu werden.
- Machen Sie deutlich, dass Sie immer hinter Ihrem Kind stehen und es bei der Bewältigung seines Problems unterstützen werden. Vor allem indem Sie Ausschau halten nach guten Kursen für Kinder mit einer Lese- und Rechtschreibschwäche. Solche Kurse können sehr

hilfreich sein, wenn sie fachgerecht die typischen Probleme solcher Kinder angehen.

- Zeigen Sie sich *immer* erfreut über alle noch so kleinen Fortschritte, die Ihr Kind erzielt, vergleichen Sie *nie* die Leistungen Ihres Kindes in Lesen und Schreiben mit den Leistungen anderer Kinder. Das ist nicht nur unfair, sondern in höchstem Maße entmutigend und damit hinderlich. Nicht nur solche ungerechten Vergleiche, auch eine enttäuschte Mimik, ein Seufzer, sich enttäuscht zurücklehnen, alles das wird vom Kind wahrgenommen und es wird sich gründlich schämen ob seiner Schwäche. Die Folge ist zumeist, dass das Kind jeder Konfrontation mit seinem »Unvermögen« ausweichen wird und alles Mögliche erfinden wird, um nur ja nicht wieder lesen oder schreiben zu müssen.

TIPPS

Wenn ein Kind so gar nicht lesen will

- Eltern sollten sich darüber im Klaren sein, dass sich Probleme mit der Rechtschreibung wesentlich weniger nachteilig auf das schulische Lernen und vor allem später beim beruflichen Fortkommen auswirken als die mangelnde Fähigkeit, fließend zu lesen. Erfreulicherweise gibt es ja heute Rechtschreibprogramme, die diese Schwäche fast ausgleichen.
- Lesen ist nicht nur nützlich, sondern auch eine höchst angenehme Freizeitbeschäftigung. Für das Lesen und besonders für den Zugang zum Lesen gilt in erster Linie, dass Lesen Spaß machen muss. Wer ein weinendes, unglückliches Kind neben sich sitzen hat, das mühsam versucht, seine Buchstaben zu entziffern, weil es Mama oder Papa zufriedenstellen möchte, wird sich keinen Leser erziehen, der sich – nach der Überwindung von Anfangsschwierigkeiten – mit Vergnügen in eine gemütliche Ecke verzieht, um zu schmökern.
- Die erzählte »Gutenachtgeschichte« und später, wenn das Kind schon kleine Texte versteht, eine vorgelesene Geschichte sind ein perfekter Einstieg ins Lesevergnügen.
- Wichtig ist die Auswahl der Lektüre, insbesondere wenn ein Klein-

kind – ab circa zwei Jahren – an das Buch als neues Medium herangeführt werden soll, mit dem es seine Erfahrungen erweitern kann. Es sollte sich unbedingt an den *spezifischen Interessen* und an der *Lebenswirklichkeit* des Kindes orientieren. Also kein Buch über niedliche Tiere, wenn der Sohn in besonderer Weise an Autos interessiert ist, kein »Leben auf dem Bauernhof«, wenn das Kind noch nie in seinem Leben einen Bauernhof oder einen Traktor gesehen hat. Es ist nicht immer leicht, das passende Buch für einen Jungen zu finden, sehr viel leichter sind Bücher mit typischen Mädchenthemen wie Kuscheltieren, Püppchen, Prinzessinnen usw. zu haben. Es gibt zunehmend Verlage, die sich auch an den spezifischen Interessen von Buben orientieren, also eher Räuber- und Heldengeschichten, Sachthemen und Ähnliches.

- Bücher sollten zu Beginn, wenn das Lesen noch Schwierigkeiten macht, möglichst nicht »pädagogisch überfrachtet« sein. Das Lesen soll jetzt vor allem Spaß machen. Wählen Sie also keine Geschichten, bei denen das Kind auch gleichzeitig etwas über die Geschichte von England erfährt, wenn es daran noch nicht interessiert ist. Sehr kurze, interessante Geschichten, auch Kinderwitze, unter Umständen auch Comics motivieren eher dazu, freiwillig ein Buch zur Hand zu nehmen.
- Wenn Kinder Leseschwierigkeiten haben, dann sollten Eltern sich den Text eines Kinderbuches vorher genau ansehen. Wenn viele Wörter vorkommen, die dem Kind wenig geläufig sind, wenn komplizierte Formulierungen vorkommen und einige lange Schachtelsätze dem Kind zu Beginn seiner »Lesekarriere« unnötigerweise das Leben schwer machen, dann sollten Sie nach einem Buch Ausschau halten, das – jedenfalls zu Beginn – dem Kind solche Mühen erspart. Lesen soll ja Spaß machen, und später, wenn das Kind routiniert ist, kann man sich auch schon für anspruchsvollere Lektüre entscheiden.
- Wenn das alles nichts nützt, weil Ihr Sohn erhebliche Schwierigkeiten beim Lesen hat, dann arrangieren Sie eine gemütliche Vorlesestunde, aber Ihr Sohn soll mit dem Finger die Worte begleiten, die Sie vorlesen. Auch so können Kinder lesen lernen.
- Bedenken Sie dabei immer: Die Eltern sind das wichtigste Vorbild

für ihre Kinder. Wenn Ihr Sohn Sie öfter dabei beobachten kann, dass Sie eine Zeitung oder ein Buch lesen, und wenn das Kind erkennen kann, dass Ihnen das Lesen so richtig Spaß macht, sind die Chancen deutlich höher, dass Ihr Junge auch zum Buch greift, als wenn Ihr Sohn Sie überwiegend passiv erlebt, etwa vor dem Bildschirm.

- Zum Schluss noch eine Bemerkung zu den beliebten Kindermärchen, die aus meiner Sicht zu Unrecht verpönt sind. Märchen wurden schon immer erzählt und nicht vorgelesen. Beim Erzählen kann man das Kind ganz gut beobachten, ob es sich vielleicht fürchtet oder langweilt, und man kann darauf reagieren, also zum Beispiel Grausames etwas harmloser darstellen. Das Positive an den Märchen ist – vor allem für kleine Buben –, dass oft kleine, schwächere Jungen mit viel List und pfiffigem Verstand sogar den viel stärkeren Riesen überwältigen können, ein wahrer Trost für kleine Spätentwickler!

5. Mehr Jungen als Mädchen haben eine Aufmerksamkeitsdefizitstörung und gelten als »hyperaktiv«

Fast alle Buben bewegen sich gerne, sind gerne sportlich aktiv, und es scheint, als benötigen sie das genauso wie das tägliche Brot.

Aber bei einigen Jungen wird das alterstypische Ausmaß erheblich überschritten, und das fällt nicht erst in der Schule auf, sondern auch schon im Kindergarten und in der Vorschule. Sie scheinen ständig in Bewegung zu sein, sie sind impulsiv, wechseln schnell von einem Spiel zum nächsten, können nicht warten, bis sie an der Reihe sind, und sie sind vor allem unaufmerksam, das heißt, sie können häufig nicht zuhören und sind leicht abzulenken. Diese Störung tritt bei den Buben häufiger auf als bei den Mädchen. Den Lehrerinnen und Lehrern mögen vor allem die Hyperaktivität und die Impulsivität, also das »Hinausposaunen« Schwierigkeiten bereiten, für die Schüler selbst ist vor allem die Störung der Aufmerksamkeit mit drastischen Nachteilen verbunden. Wenn die Störung bei den Mädchen auftritt, beschränkt sie sich oft auf die fehlende Aufmerksamkeit – Mädchen sind seltener hyperaktiv –, und das wird bei den Mädchen leicht übersehen und oft viel zu spät erkannt. Die Aufmerksamkeitsspanne ist bei solchen Kindern so gering, dass sie nicht viel vom Unterricht mitbekommen und schnell in einen Rückstand geraten.

TIPPS

- Das Wichtigste für Eltern ist jetzt, für eine genaue Diagnose zu sorgen, um sicherzustellen, dass tatsächlich eine neurobiologische Störung vorliegt und nicht ein normal lebhafter Junge mit einem entsprechenden Bewegungsbedürfnis mit völlig unnötigen Medikamenten traktiert wird, deren Langzeitwirkungen bis heute noch nicht bekannt sind.
- Einem kranken Kind wird man hingegen helfen müssen,
    1. damit das Kind in der Schule nicht in einen Rückstand gerät,
    2. weil es wegen seines ungehobelten Verhaltens oft auch zu erheblichen Problemen mit den Klassenkameraden kommt und der Junge sehr unter der Ablehnung durch die Gleichaltrigen leiden kann und
    3. weil das Kind selbst unter seinem Zustand leidet.

Mehr Jungen als Mädchen haben also gleich zu Beginn der Schulzeit mit schwerwiegenden Nachteilen zu kämpfen: Sie sind häufiger von einer Lese- und Rechtschreibschwäche sowie von einer Aufmerksamkeitsdefizitstörung betroffen und haben leichte Nachteile in ihrer sprachlichen Begabung. Da aber vor allem im ersten Schuljahr sprachliche Kompetenzen im Vordergrund stehen, erleben viele Jungen gleich zu Beginn ihrer schulischen Karriere, dass sie mit schulischen Erfolgen eher weniger gut glänzen können, und sie verlegen sich auf andere Bereiche.

TIPP

- Wenn es eben möglich ist, sollte man Jungen mit solchen Problemen eher später als früher einschulen und die Zeit lieber nützen, das Kind besser auf die schulischen Anforderungen vorzubereiten. So könnte man dem Kind zunehmend längere – interessante – Geschichten vorlesen und dem Kind anschließend Fragen zur Geschichte stellen, damit es lernt, sich zunehmend länger zu konzentrieren. Misserfolgserlebnisse gleich zu Beginn können die gesamte Schulzeit überschatten.

6. Mehr Jungen als Mädchen überschätzen nicht nur leicht ihre Fähigkeiten, sie gehen gerne größere Risiken ein

Der zehnjährige Simon kam mit stolzgeschwellter Brust nach Hause: Ein »Sehr gut« hatte er für seinen Aufsatz bekommen. Die Eltern lobten Simon für seine tolle Leistung und die Mama meinte: »Dein sprachliches Talent musst du wohl von mir haben.« Darauf entgegnete Simon: »Na, Mama, nun bilde dir nur ja nichts ein.«

So etwas wird man eher von einem Jungen hören als von einem Mädchen. Jungen erklären sich ihre Erfolge eher damit, dass sie talentiert sind, derweil die Mädchen die Ursache für eine gute Leistung mehrheitlich in ihrem Fleiß sehen. Eine günstige Lernvoraussetzung für die Buben, sind doch in unserer Kultur die Menschen vor allem stolz auf ihre ererbte Begabung. Dieses angenehme Gefühl von Stolz wird seine Motivation steigern, sich in der Zukunft öfter mit dem Gegenstand seines Könnens auseinanderzusetzen. Beim nächsten Aufsatz wird unser Simon wieder einen Erfolg und das damit verbundene Gefühl von Stolz erwarten. Es wird ihm also Spaß machen, Aufsätze zu schreiben.

Die Kehrseite dieser Medaille darf man bei unseren Burschen jedoch nicht übersehen: Einen Misserfolg nehmen sie eher auf die leichte Schulter. Ein »Nicht genügend« in einer Schularbeit wird ein Mädchen eher dazu veranlassen, wenigstens ihre Pflicht zu erfüllen und auch zu üben, einen Burschen bringt ein solcher Misserfolg nicht so leicht aus der Ruhe. Jungen sind gegenüber eigenen Fehlschlägen wesentlich toleranter als Mädchen. Sie glauben in einem solchen Fall eher daran, dass sie ganz einfach Pech gehabt haben und dass es beim nächsten Mal schon wieder klappen wird. Nun schadet ein langes Grübeln darüber, warum man einmal in der Schule versagt hat, mehr, als es nützt, aber manche Burschen scheinen es auch zu übertreiben. Wenn die zweite Schularbeit auch mit »Nicht genügend« beurteilt wurde, nehmen sie sich fest vor, mindestens einen Tag vor der alles entscheidenden dritten Schularbeit zu lernen, wenn es sein muss, bis in die Nacht, versprochen.

Hier kommt schon auch die deutlich höhere Risikobereitschaft der Burschen hinzu, dieses für Jungen durchaus anregende Risiko, ob man es mal wieder mit möglichst geringem Aufwand schafft, über die Runden zu kommen – eine männliche Tendenz, die vor allem später in der Pubertät auch zu lebensgefährlichen »Mutproben« führen kann.

Wie kommt es zu solchen Unterschieden bei den Mädchen und Jungen? Mutig, tapfer, furchtlos zu sein gilt als besonders wichtige männliche Eigenschaft. Eine Mutprobe zu verweigern und damit Schwäche zu zeigen erfordert viel Mut, läuft ein Bub dann doch Gefahr, als »Weichei« verhöhnt zu werden. Ob diese männliche Tendenz noch aus der Zeit stammt, als männliche Säugetiere noch um die Weibchen harte Kämpfe austragen mussten, oder ob es sich eher um gesellschaftliche Erwartungen an den männlichen Nachwuchs handelt, der ja im Falle der Not auch die Gemeinschaft verteidigen muss, sei dahingestellt. Fest steht, dass sich die erhöhte Risikobereitschaft für die Jungen nachteilig auswirkt, weil sie in diesem Alter noch nicht in der Lage sind, Chancen und Gefahren eines risikoreichen Verhaltens richtig einzuschätzen. Das gilt nicht nur beim »Nervenkitzel«, wenn es um das Ausreizen der Frage »Mit welch geringem Aufwand kann ich die Schule schaffen?« geht, sondern vor allem, wenn man an die deutlich erhöhten Todesfälle denkt, die unvernünftige Mutproben Jahr für Jahr verursachen (mehr dazu in Kapitel 7).

TIPPS

- Eltern, Lehrerinnen und Lehrer müssen bei Jungen, die zum Risiko neigen, noch die Verantwortung übernehmen und sicherstellen, dass zumindest die Hausübungen, inklusive Lernen und Üben sorgfältig erledigt werden. So nach dem Motto: »Erst die Arbeit, dann das Spiel.«

- Fördern Sie das Einschätzungsvermögen Ihres Sohnes, indem Sie sich nach schulischen Misserfolgen nach den Gründen erkundigen, warum es dieses Mal nicht geklappt hat. Lenken Sie dann vorsichtig das Gespräch auf die fehlende Disziplin: »Könnte es nicht auch sein, dass du noch nicht gelernt hast, auch einmal hart gegen dich selbst zu sein, dass du es zum Beispiel noch nicht schaffst, auf dein Computerspiel zu verzichten, um zu lernen und zu wirklich guten Leistungen in der Schule zu kommen«?

7. Jungen lieben den Wettbewerb

Viele Buben finden in der Schule eher nicht die zu ihnen passenden Anregungsbedingungen. Im Gegensatz zu den Mädchen lieben fast alle Jungen den Wettbewerb. In nahezu allen Kulturen dieser Welt kann man das beobachten, was auch bei uns an jeder Ecke zu sehen ist: Es wird gerauft, es werden Scheinkämpfe ausgetragen, die manchmal auch recht aggressiv aussehen können. Wichtig ist dabei für die Jungen, dass es klare Regeln gibt, aus denen sie zweifelsfrei erkennen können, wer der Sieger ist. Also etwa beim Raufen, wer zuerst am Boden liegt, oder beim Fußballspiel, wer die meisten Tore geschossen hat, wer »Torschützenkönig« ist, auch wer beim Computerspiel auf dem Smartphone die besten Ergebnisse erzielen konnte. Dabei geht es immer darum, zu klären, wer gerade der »Hahn im Korb« ist.

Mädchen bevorzugen hingegen Spiele, bei denen man sich abwechseln kann.

Der Unterschied zu den Mädchen im Freizeitverhalten ist so deutlich, dass Jungen sehr viel lieber mit Jungen und Mädchen lieber mit Mädchen spielen. Möglicherweise handelt es sich bei dieser Vorliebe um »genetische Eierschalen«, die noch aus der Zeit stammen, als unsere männlichen Vorfahren noch um das beste Weibchen kämpfen mussten und Rivalitätskämpfe quasi an der Tagesordnung waren.

Fest steht, dass sich Buben in Konkurrenzsituationen deutlich mehr anstrengen. Nun liegt der Gedanke nahe, dass man in den Schulen die Jungen anregt, um die besten Schulleistungen wettzueifern. Würde man in der Schule anhand der erbrachten Schulleistungen einen solchen »Wettkampf« inszenieren, wären unsere Jungen ganz schön angeregt. Aber natürlich ist eine solche Rivalität in den Schulen pädagogisch nicht vertretbar, weil wenig begabte Kinder kaum eine Chance hätten, einmal zu »siegen«, und so nur die sehr begabten Kinder von einem solchen Motivationsschub profitieren würden. Gleichwohl ist es letztlich nicht zu vermeiden, dass die Kinder ihre Schulleistungen vergleichen, auch wenn an manchen Schulen in den ersten Klassen keine Schulnoten verteilt werden. Dann wird eben die Anzahl der Fehler verglichen oder vielleicht auch der Umstand, dass manche Schülerinnen oder Schüler zum Förderunterricht müssen, andere nicht. Eine solche Rivalität wird eher von ehrgeizigen Eltern als von den Lehrerinnen und Lehrern gefördert.

Wenn der Sohn jedoch die Schule verlässt, sind wettbewerbsorientierte Situationen geradezu an der Tagesordnung. Wer hat die meisten Geschäftsabschlüsse, wer hat die beste Idee für ein neues Produkt, wer schafft es, den Vorstandssessel zu erobern? Das ist mit ein Grund dafür, warum so viele Buben erst nach der Schule so richtig loslegen und erfolgreich sind.

TIPP

- Im häuslichen Bereich hingegen lassen sich mit etwas Fantasie durchaus Wettbewerbssituationen herstellen, die praktisch für jeden Buben attraktiv sind. Zum Beispiel: »Jetzt bin ich aber mal gespannt, wer von uns beiden die Rechnung schneller lösen kann« oder »wer zuerst mit seiner lästigen Arbeit fertig ist, du oder ich«. Probieren Sie es einmal, Sie werden staunen!

8. Eher Jungen als Mädchen haben »Zoff« mit den Lehrerinnen und Lehrern

Die Untersuchungen des Erziehungswissenschaftlers Ferdinand Eder zeigen, dass die meisten Schülerinnen und Schüler zu ihren Lehrerinnen und Lehrern ein gutes Verhältnis haben, aber ungefähr 15 bis 20 Prozent der Kinder haben ein durchgehend schlechtes Verhältnis zu den Lehrerinnen und Lehrern, die sie unterrichten, und hier sind es vor allem die Burschen, die darunter leiden. Sie empfinden die Noten, die sie bekommen, eher als ungerecht, sie glauben, dass sie mehr bestraft und unfair behandelt werden. Die Gründe, warum Burschen ein eher schlechteres Verhältnis zu ihren Lehrerinnen und Lehrern haben, kann man aus diesen Statistiken nicht erklären. Aber es liegt wohl auf der Hand: Burschen werden in der Grundschule und auch zum größten Teil in den weiterführenden Schulen fast ausschließlich von Lehrerinnen unterrichtet. Man kann sich ganz gut vorstellen, dass Lehrerinnen unbewusst weibliches Verhalten besser nachvollziehen können und ein solches Verhalten als Norm ansehen, an die sich auch die Burschen zu halten haben.

Jungen mit starkem Bewegungsbedürfnis, die ständig herumzappeln, impulsive Burschen, die ihre Meinung herausposaunen, auch wenn es mal nicht so passend ist, neugierige Jungen, die lästige Fragen stellen, kleine »Machos«, die gerne ihre Überlegenheit demonstrieren wollen, stören nicht nur den Unterricht und sind lästig, sie stoßen mit ihrem Verhalten bei den Lehrerinnen auch auf weniger Verständnis.

Eines lässt sich aus den amtlichen Statistiken zu den Schulabschlüssen von Mädchen und Burschen ersehen: Mädchen erlangen häufiger als Burschen die Hochschulreife und mehr Jungen als Mädchen erreichen nur einen Hauptschulabschluss oder bleiben ohne Abschluss. Die Forscher Diefenbach und Klein stellten dazu einen bemerkenswerten Zusammenhang her: Dort, wo mehr Lehrer unterrichten, erreichen tendenziell auch mehr Jungen höhere Abschlüsse. Der Unterschied bei den Bildungsabschlüssen, je nachdem, ob ein Junge von einem Lehrer oder einer Lehrerin unterrichtet wurde, ist zwar sehr gering und statistisch betrachtet nicht signifikant, aber doch ein Hinweis, dem man nachgehen sollte.

9. Buben haben ein größeres Bewegungsbedürfnis als Mädchen

Beobachten Sie einmal Kinder im Kindergarten, auf einem Spielplatz oder auf dem Pausenhof: Wer tobt herum, saust von einer Ecke in die andere? Es werden in aller Regel die Buben sein, die kaum zu bremsen sind. Schön, wenn sie in unseren oft dicht besiedelten Wohngegenden noch genügend Platz finden, um herumzutollen, wie es ihrer Natur entspricht. Viele Jungen finden in ihrer Umgebung keine Möglichkeiten mehr, sich auszutoben, sei es, weil Nachbarn sich in ihrem Ruhebedürfnis gestört fühlen oder weil die Umgebung für Kinder einfach zu gefährlich oder weil alles zugebaut ist. In vielen Krabbelstuben oder Kindergärten und auch in manchen Schulen ist der Raum, in dem Kinder sich bewegen können, so beengt, dass insbesondere Jungen massiv darunter leiden und natürlich in ihrer Konzentration und in ihrer Aufmerksamkeit gestört sind. Wenn ich mir so manche Krabbelstube, einen Kindergarten oder eine Schule anschaue, dann ist der Raum zum Herumtollen im Verhältnis zu der hohen Anzahl von Schülerinnen und Schülern oft derart gering, dass der Vergleich mit einer zu recht beklagten »Käfighaltung« für Hühner durchaus naheliegt. Traurig, wenn man in Volksschulen auch heute noch Kinder sieht, die in der großen Pause bei schlechtem Wetter nicht hinausdürfen, die nur in der Pausenhalle langsam im Kreis gehen müssen und das oft nur deswegen, weil verschmutzte Burschenschuhe den Fußboden verunreinigen könnten.

Wenn ein gut ausgeschlafener Junge nach einem reichhaltigen Frühstück morgens bis vor die Schultüre mit dem Auto gebracht wird, weil zum Beispiel der Schulweg zu gefährlich ist, wenn es auch in den Pausen nicht möglich ist, sich so richtig »auszutoben«, dann *kann* er nicht ruhig auf seinem Stuhl sitzen, er wird schaukeln, wippen, aufspringen, unter dem Tisch verschwinden und alles andere tun, aber sicherlich nicht aufpassen.

TIPPS

- Bei allen möglichen Gefahren, die mehr oder weniger auf jedem Schulweg lauern, sollte man die Burschen auch nicht gleich »in Watte packen«. Wenn eben möglich, sollte ein Schuljunge den Schulweg zu Fuß und selbstständig schaffen. Ideal, wenn mehrere Kinder gemeinsam gehen können. Dabei ist nicht nur die Bewegung wichtig, sondern auch das indirekte Signal an das Schulkind: »Wir trauen dir zu, dass du dich im Straßenverkehr angemessen verhalten wirst.« Natürlich ist ein solcher Schulweg mit dem Schulanfänger zu üben, wobei die Eltern an gefährlichen Stellen, etwa beim Kreuzen einer verkehrsreichen Straße, alles genau erklären, um dann zunehmend dem Kind die Entscheidung zu überlassen, wann die Straße überquert werden kann.

- Besondere Vorsicht ist bei Jungen mit einer Aufmerksamkeitsdefizitstörung angebracht, ebenso bei Burschen, die zu impulsiven Reaktionen neigen oder gerne Risiken eingehen. Hier wäre es gut, wenn so ein Traumtänzer oder Wildfang mit etwas besonneneren Kindern gemeinsam zur Schule gehen könnte.
- Wenn Eltern ihre Jungen nur deswegen in die Schule kutschieren, weil der Schulweg zu gefährlich erscheint, hat sich ein sogenannter »Pedibus« bewährt: Ein Vater, eine Mutter oder auch Großeltern wechseln sich ab und begleiten die Kinder von der Bushaltestelle bis zur Schule. Hilfreich ist es, wenn dann die Schule eine solche Aktion unterstützt, indem sie zum Beispiel kleine Preise für eifrige Fußgänger in Aussicht stellt.

10. Mehr Jungen als Mädchen werden als »verhaltensauffällig« eingestuft

Die Toleranz von Lehrerinnen und Lehrern gegenüber Buben mit einem hohen Bewegungsbedürfnis ist manchmal eher gering. Ungerecht gegenüber den Jungen ist es, die Mädchen mit ihrem deutlich geringeren Bewegungsbedürfnis quasi als Maßstab zu nehmen und Buben, die wilder sind, sogleich als »verhaltensauffällig« einzustufen.

Fast alle kleinen Jungen raufen gerne, das war schon immer so und ist fast in der gleichen Weise auch bei Jungtieren zu beobachten. Es kann auch sein, dass dabei das eine oder andere Mal eine Brille zerbricht oder eine Hose zerrissen wird, wichtig ist dabei, dass keine wirkliche Aggression dahintersteckt. Man kann das leicht an der Mimik der Kontrahenten erkennen: Solange beide fröhlich wirken, ist alles in Ordnung. Sobald jedoch Wut oder Zorn zum Ausdruck kommt, ist die Rangelei aus dem Ruder gelaufen und sofort zu beenden. Es ist unklug, solche kleinen Rangeleien gleich als gewalttätige Aggressionen einzustufen. Im Gegenteil: Meistens bilden die Kinder selbst schon kleine Regeln heraus, wann eine solche Rauferei fair ist oder nicht. Ein Kind gegen mehrere Kinder, ein ganz kleiner Bub gegen einen größeren wird als unfair angesehen. Weitere Regeln werden dann mit der Hilfe von Erwachsenen gefunden: Beide Buben müssen einverstanden sein; wenn einer »Schluss« sagt, ist das Kräftemessen beendet; wenn einer auf dem Boden liegt, ist der Wettkampf gewonnen usw. Solche nach den Regeln der Fairness ausgetragenen Rangeleien werden heute oft strikt verboten und von einigen Schulen ebenso wie in den Medien mit gewalttätigen Aggressionen von Jugendlichen in einen Topf geworfen, bei denen zum Beispiel mehrere Jugendliche ein jüngeres Kind überfallen, Geld erpressen oder in anderer Weise kriminell agieren. Wäre es nicht geschickter, solche Rangeleien zumindest zu dulden, aber immer wieder auf die Regeln der Fairness hinzuweisen, darauf zu achten, dass sie eingehalten werden, bis die Kinder solche Regeln verinnerlicht haben, um unfaire oder gar kriminelle Auseinandersetzungen einzudämmen?

So können Jungen gute Schüler werden

Cool und zugleich ein »Ass« in der Schule zu sein muss kein Widerspruch sein

Wir haben es bereits im ersten Beispiel zu Beginn dieses Kapitels gesehen: Der Begriff »cool« lässt einen breiten Interpretationsspielraum zu. Ein weiteres Beispiel:

> Bob, ein lieber und eher gemütlicher Volksschüler, war von seiner Statur her mehr breit als lang. Auf dem Heimweg konnte er meistens nicht lange mithalten, sondern hechelte schon nach kurzer Zeit hinterher, und so wurde er immer wieder wegen seiner erheblichen Gewichtsprobleme gehänselt.
> In den großen Ferien nahm Bob an einem Ferienlager teil, in dem versucht wurde, das Gewicht der Kinder durch gesunde Ernährung und viel Bewegung zu reduzieren. In den Telefonaten mit seiner Mama beklagte er sich, weil er oft vor Hunger nicht einschlafen könne.

Das ließ nun die gute Mama nicht mehr schlafen, und so quartierte sie sich zunächst einmal in einem Hotel direkt neben dem Ferienlager ein, und bald stieg sie spätabends über einen kleinen Bach, schlich durch die Büsche, um heimlich ihrem Sohn zwei Pralinen auf die Fensterbank zu legen. Aber Bob konnte auch hart gegen sich selbst sein und so verteilte er Mamas Gaben an seine hungrigen Freunde im Ferienlager.
Als er zu Beginn des neuen Schuljahres rank und schlank in seiner Klasse erschien, wurde er von seinen Klassenkameraden sehr bewundert: »Cool, der Bob, hungrig zu sein und doch auf Schokolade zu verzichten, das ist die volle Härte, das macht ihm so leicht keiner nach.«

Bob hat durch eine bemerkenswerte Selbstdisziplin seine Gewichtsprobleme in den Griff bekommen, er konnte das aktuelle Verlangen nach Schokolade zurückweisen, um sein längerfristiges Ziel, endlich auch so sportlich und schlank zu sein wie die anderen, zu erreichen. Eine Fähigkeit, die sich aller Voraussicht nach auch günstig auf sein schulisches Engagement und damit auf seine Leistungen auswirken wird.

Die Forscher Duckworth und Seligman fanden heraus, dass weniger die Intelligenz als die Selbstdisziplin eines Schülers für gute Noten in der Schule sorgt. Die Forscher von der Universität Pennsylvania untersuchten die Intelligenz und die Selbstdisziplin der Kinder und stellten fest, dass Schülerinnen und Schüler, die in der Lage sind, Regeln zu befolgen und ein kurzes Vergnügen für einen längerfristigen Gewinn zu opfern, die ihren Impulsen nicht direkt nachgeben und Belohnungen aufschieben können, deutlich bessere Schulleistungen zustande brachten als die impulsiveren Kinder. Kinder mit viel Selbstdisziplin schnitten nicht nur in den Tests besser ab, sie hatten auch bessere Noten und konnten somit eher eine weiterführende Schule besuchen. Sie waren auch deutlich engagierter in der Schule, sie arbeiteten länger an ihren Hausaufgaben, fehlten nicht so häufig im Unterricht und saßen weniger lange vor dem Fernseher. Wenn also die Schulkinder weit hinter ihrem intellektuellen Potenzial zurückbleiben, hat das weniger mit ihrer Intelligenz als vielmehr mit ihrer Fähigkeit zu tun, sich selbst im Zaum zu halten.

Mädchen verfügen über eine deutlich höhere Kompetenz, sich selbst zu steuern.

Erfreulicherweise zeigt diese Studie auch, dass es durchaus möglich ist, Selbstdisziplin noch in späteren Jahren zu erlernen.

So motivieren wir unsere Burschen am besten

Auf die Formulierungen achten:
Es wird wohl jeder sportlich begeisterte Junge einsehen, dass zum Beispiel Spitzensport nichts für »Weicheier« ist. Wer hier Großartiges leisten, vielleicht sogar berühmt werden will, darf sich nicht auf sein angeborenes Talent verlassen, er wird auch »hart gegen sich selbst sein müssen«. Dazu gehört vor allem der Verzicht auf ein momentanes Vergnügen zugunsten eines Ziels, für das es sich zu kämpfen lohnt.

Ein hoch talentierter Fußballspieler, der nicht die nötige Selbstdisziplin aufbringt, um auch dann zu trainieren, wenn er mal keine Lust hat, der nur in der Hängematte liegt und von großartigen Erfolgen träumt, wird weniger erfolgreich sein als ein vielleicht etwas weniger sportlich veranlagter Junge, der diese Schwäche nicht hat und regelmäßig und mit viel Selbstdisziplin trainiert. Starke Typen geben nicht so leicht plötzlichen Impulsen nach (wie »Ein guter Krimi im Fernsehen wäre jetzt angenehmer als ein hartes Training«). Ein Talent und auch die Intelligenz können verkümmern oder bei entsprechender Selbstdisziplin und Übung auch wachsen.

TIPP

- Wer also einen Burschen dazu motivieren will, sich in der Schule mehr anzustrengen, wird zunächst auch ein wenig Überzeugungsarbeit leisten müssen. Dabei ist vor allem auf die Wortwahl zu achten, zum Beispiel:

  Statt: »Du solltest etwas fleißiger sein in der Schule, damit aus dir was wird.«
  Eher: »Es ist ganz schön hart, auf ein Vergnügen zu verzichten, um in der Schule zu den Erfolgreichen zu gehören. Aber ich traue dir das zu.«

Loben, aber richtig

Die wohl am besten abgesicherte Erkenntnis der Pädagogik ist die, dass man ein Kind, das sich bemüht, am besten durch Lob in seinem Bemühen bestärkt. Wenn also der Bursche endlich wieder mal etwas länger in seine Bücher schaut und man den Eindruck gewinnt, dass er sich wirklich anstrengt, sollte man mit seinem Lob für die ersten positiven Schritte aber auch nicht »inflationär« umgehen, sonst könnte er lernen, dass die Eltern leicht mit ein wenig Anstrengung zufriedenzustellen sind.

- Man sollte also, statt mit einer Äußerung wie »Großartig, toll, wir freuen uns« oder gar mit einer materiellen Belohnung zu reagieren, eher sagen: »Ich glaube, du bist jetzt auf einem guten Weg« oder »Ich bin schon sehr gespannt darauf, ob du es weiter schaffst, konsequent dein Ziel zu verfolgen«.
- Sobald sich die ersten Leistungsfortschritte zeigen, ist es unbedingt wichtig, dass Eltern sie nicht übersehen, sondern ihr Kind ermuntern, zum Beispiel mit: »Ja, sieh mal, was du in der kurzen Zeit schon alles gelernt hast, ich glaube, ich habe dich unterschätzt.«
- Wenn sich dann der erste schulische Erfolg einstellt, dann sollten Sie sich allerdings uneingeschränkt mit Ihrem Kind auch so richtig freuen, also bitte keine Aussage wie: »Ist ja schon ganz gut, aber wenn du noch etwas fleißiger gewesen wärst, hätte es auch ein ›Sehr gut‹ sein können«.
- Wenn ein Junge sich wirklich geplagt hat und er trotzdem sein Ziel nicht erreicht hat, braucht er vor allem Trost und keine Vorwürfe. Jetzt ist es wichtig, die Ursachen für ein Scheitern zu ermitteln. Gespräche mit dem Kind und mit dem Lehrer sollten jetzt im Vordergrund stehen, damit unser Schüler so schnell wie möglich wieder Mut fassen kann.

Ein wenig Disziplin kann unseren Jungen nicht schaden

Jedenfalls nicht, solange die Eltern nicht alleine darüber entscheiden, wohin die Reise geht, also welche Ziele über die Schule hinaus noch zu erreichen sind, und solange sie nicht mit Strafen reagieren, wenn das Kind nicht folgt.

Wer kennt sie nicht, überehrgeizige Mütter oder Väter, die zum Beispiel am Rande des Fußballfeldes stehen und mit »pädagogisch hochwertigen Maßnahmen«, wie zum Beispiel Nahrungsentzug, reagieren, wenn der Sprössling sich trotz aller zusätzlichen Trainingsstunden noch immer nicht zum Fußballstar entwickelt hat. Es sind vor allem solche Eltern, die den Begriff der Disziplin in Verruf gebracht haben: Eltern, die schon sehr früh wissen, was aus dem Nachwuchs einmal werden soll, die manchmal auch erwarten, dass ihre Kinder eigene Träume realisieren sollen, und die mit Zwang und Strafen versuchen, ihren eigenen Willen gegen den des Kindes durchzusetzen.

Für Eltern geht es hingegen darum, eine richtige Balance zu finden zwischen einschränkenden, aber notwendigen Regeln und möglichst viel Freiraum für das Kind, damit der Nachwuchs auch die Gelegenheit hat, die Welt auf seine Art zu entdecken.

Das bedeutet für die Schulzeit, dass bestimmte Pflichten, die mit dem Besuch der Schule verbunden sind, wie regelmäßiger Schulbesuch, die Erledigung der Hausaufgaben, das notwendige Üben und Vertiefen selbstverständlich zu erledigen sind. Aber dann sollten Schülerinnen und Schüler auch möglichst uneingeschränkt über ihre Freizeit verfügen können, damit das Kind auch seinen eigenen Interessen folgen kann.

So können Sie Ihren Sohn ein wenig disziplinieren

Da staunte die gute Oma nicht schlecht, als sie ihre beiden Enkel Steffi und Jörg einhüten sollte: Gleich am Abend saß sie mit ihren beiden Enkelkindern vor dem Fernseher. Um neun Uhr stand die jüngere Steffi auf, gab Oma ein Küsschen und meinte: »Es ist jetzt neun, ich gehe jetzt schlafen.« Und eine Stunde später verabschiedete sich der ältere Junge in der gleichen Weise. Sie erschienen pünktlich zum Essen, und natürlich wurde erst dann gegessen, wenn alle am Tisch saßen.

Regeln lernen – beachten – sich selbst regulieren

Altmodische »Musterkinder«, völlig überholte Vorstellungen? Oder doch sehr vernünftige Eltern, die ihren Kindern das beigebracht haben, was man unter Selbstdisziplin versteht? Wenn man die oben vorgestellten Ergebnisse von Duckworth und Seligman betrachtet, ist dies die wichtigste Voraussetzung für den Schulerfolg.

Nicht nur die Lehrerinnen und Lehrer leiden unter undisziplinierten Schülern, die nicht warten können, bis sie aufgerufen werden und häufig den Unterricht stören. Die Rechnung zahlen am Ende die undisziplinierten Schüler selbst.

Schon vor der Schulzeit Regeln lernen

Sobald man sich schon etwas mit dem Kleinkind verständigen kann, wird man Regeln einführen müssen, die das Kind vor allem schützen, wie nicht an die Steckdosen gehen, nicht am Herd spielen usw. Ebenso wichtig sind schon bald Regeln darüber, was wem gehört: Das Handy gehört Mama, die große Puppe der Schwester und Ähnliches. Bald können Kleinkinder schon basale Formen der gegenseitigen Rücksichtnahme lernen, zum Beispiel dass man sich nicht vordrängt, wenn man in einer Reihe steht, dass man niemanden unterbrechen darf, solange er spricht, sondern warten muss, bis der andere fertig ist und Ähnliches.

Älteren Kindern kann man schon Gründe für die Regeln eines erfreulichen Miteinanders erklären. Also zum Beispiel: »Wenn du mit Tinas Puppe spielst, dann ist Tina traurig, vielleicht weint sie auch. Du wärest auch traurig, wenn Tina deinen Bären wegnehmen würde.« Oder: »Wenn du deinen Freund stupst und er hinfällt, dann tut ihm das genauso weh, wie es dir gestern wehgetan hat, als du hingefallen bist, deswegen darf man so etwas nicht tun.« Solche zusätzlichen Erklärungen sind keineswegs unwichtig oder überflüssig, sondern sie werden dem jungen Schüler helfen, sich später mit seinen Klassenkameraden besser zu verstehen, jedenfalls nicht zum Außenseiter zu werden.

Wenn Eltern konsequent darauf achten, dass solche Regeln eingehalten werden, wird unser Nachwuchs schon bald in der Lage sein, sich selbst ein wenig zu regulieren, indem er zum Beispiel seinem Impuls, mit der großen Puppe zu spielen, nicht nachgibt, sondern vielleicht schon zu sich selbst sagt: »Nein, Tinas Puppe«, um sich dann seinem eigenen Spielzeug zuzuwenden. Nicht gelingen wird so eine Erziehung, wenn die übrigen Familienmitglieder ein schlechtes Vorbild abgeben und sich selbst nicht an vorgegebene Regeln halten.

Man mag vielleicht jetzt einwenden, dass solch ein »Regelkorsett« die Kinder zu sehr einengt, aber man darf nicht unterschätzen, dass ein solcher Rahmen für das Verhalten dem Kind auf der anderen Seite auch Sicherheit vermittelt. In diesem eingeschränkten Bereich kann das Kind unbesorgt spielen, sich entwickeln, ohne Ärger mit den anderen zu bekommen.

Mindestens ebenso wichtig ist es jedoch, den engen Rahmen immer wieder zu erweitern und an das Alter und die Einsichtsfähigkeit des Kindes anzupassen. Auch die leider ein wenig aus der Mode gekommenen Spiele innerhalb der Familien dienten schon immer den Jungen dazu, sich leichter in die Gesellschaft einzuordnen.

TIPP

- Bei den gemeinsamen Spielen der Eltern mit ihren Kindern lernen die Kinder mehr, als man glaubt. Sie lernen:
  - mit Misserfolgen leichter umzugehen, ohne dass gleich das Selbstwertgefühl verletzt wird;
  - zu warten, bis sie an der Reihe sind;
  - sich an Regeln zu halten;
  - mit Zähigkeit ein Ziel zu verfolgen. Wenn zum Beispiel der Nachwuchs beim Memory-Spiel nur knapp verloren hat, kann man ihn leicht ermuntern: »Wenn du noch ein bisschen besser aufpasst, kannst du sogar den Papa besiegen!« Vor allem die Jungen sind so leicht zu stimulieren – lieben sie doch, wie wir schon gesehen haben, den Wettbewerb.

Regeln lernen in der Schulzeit

Ein guter Start in die Schule beginnt mit der perfekt gepackten Schultasche. Vergessene Hefte, die falschen Bücher im Ranzen, verlorene, vergessene Buntstifte und zu allem Überfluss noch ein fettiges Pausenbrot zwischen den Arbeitsunterlagen sind ein denkbar schlechter Einstieg ins schulische Leben. Die Unterstützung der Eltern besteht nun nicht darin, die Schultasche für das Kind zu packen, sondern den Schulanfänger mit unterstützenden Fragen anzuleiten, bis das Schulkind anfängt, sich selbst zu fragen, was es am nächsten Tag für Fächer hat, was es dazu benötigt, was zusätzlich noch mitzubringen ist. Konkrete Fragen also: »Welchen Wochentag haben wir morgen, schau mal auf deinen Stundenplan, was habt ihr morgen für Fächer? Welche Hefte, Bücher, Zeichenmaterialien brauchst du also? Hat eure Lehrerin noch etwas Besonderes gesagt, woran ihr denken sollt?« Bald wird der Nachwuchs mit einem genervten: »Ja, ja, ich hab schon an alles gedacht« reagieren und Ihre Unterstützung kann schnell wieder beendet werden, solange alles gut klappt.

Kleine Chaoten sammeln alles in ihrer Schultasche, vom Comicheft bis zur Fantadose, alle Hefte und Bücher, sie verlieren die Übersicht, wissen nicht, wann der nächste Test geschrieben wird, was dazu vorbereitet werden soll und welche Hausaufgaben da eigentlich zu erledigen wären. Völlig unnötige Misserfolgserlebnisse sind dann schnell die Folge. Das kann man mit relativ geringem Aufwand leicht verhindern.

Kein Streit mehr bei den Hausaufgaben

Hausaufgaben sind eine nicht zu unterschätzende Gelegenheit, das zuvor in der Schule Gelernte zu Hause noch einmal – alleine – zu erproben, zu üben und so besser im Gehirn zu verankern. Oft genügt alleine die Tatsache, dass Kinder sorgfältig ihre Hausaufgaben erledigen, um erfolgreich die Schule zu absolvieren. Nun fällt männlichen Faulpelzen in der Regel eine Menge ein, um dieses Muss zu umgehen: »Jetzt bin ich noch zu müde, wir haben eh nicht viel auf, das kann ich leicht noch am Abend erledigen«, aber dann lockt der Abendkrimi, und so manche Hausaufgabe wird dann zwischen Butter und Marmelade in der Früh schnell ins Heft gepinselt oder auch erst in der Schule bei einem Freund abgeschrieben.

Auch hier helfen Regeln, wann und wo Hausaufgaben generell zu erledigen sind, die am besten gemeinsam mit dem Schüler ausgehandelt werden, um den täglichen zermürbenden Auseinandersetzungen mit dem Nachwuchs zu entgehen.

So könnten zum Beispiel solche Vereinbarungen aussehen:

- »Ich erledige meine Hausaufgaben immer gleich nach dem Mittagessen. Wenn ich fertig bin, zeige ich die Aufgaben meinen Eltern und habe dann eine freie Zeit bis zum Abendbrot.«
- »Ich möchte nach der Schule erst ein wenig Ruhe haben, aber spätestens um 15 Uhr beginne ich mit den Aufgaben.«
- »Ich werde spätestens bis zu dem Zeitpunkt, wenn meine Eltern von ihrer Arbeit heimkommen, mit den Aufgaben fertig sein. Ich darf dann mit meinen Eltern den Feierabend genießen.«
- »Wenn ich es nicht schaffe, mich an die Regel zu halten, dürfen meine Eltern alleine den Zeitpunkt für die Aufgaben festlegen.«

Aber natürlich wird unserem springlebendigen Jungen immer wieder etwas Neues einfallen, um der wenig geliebten Pflicht zu entgehen. Da läuft doch gerade so eine interessante Sendung im Fernsehen oder das Computerspiel ist gerade so interessant und so weiter. Wer jetzt seinen Jungen gewähren lässt oder mit Humor reagiert, hat schon verloren, weitere Diskussionen und Konflikte sind dann vorprogrammiert. Jetzt gilt es mit ruhiger Festigkeit, mit einer langsamen, aber konsequenten Stimme auf die getroffene Vereinbarung hinzuweisen und gleichzeitig zum Beispiel den Fernseher abzudrehen oder den Renitenten an die Hand zu nehmen und an seinen Arbeitsplatz zu führen. Um nicht lange Querelen über die elterlichen Maßnahmen heraufzubeschwören, ist es günstig, das Kind ein wenig abzulenken, also zum Beispiel zu fragen: »Womit willst du jetzt anfangen, mit den Rechenübungen oder lieber mit dem Aufsatz?«

Auf eine Belohnung warten lernen

Wir alle werden es aus der eigenen Schulzeit kennen, manchmal sind in der Schule längere »Durststrecken« zu überwinden, man lernt und lernt, aber die erfreulichen Konsequenzen stellen sich lange nicht ein. Man denke nur ans »Lesenlernen«, ein (langweiliger) Buchstabe nach dem anderen muss gelernt, geschrieben werden, bis, ja, bis endlich das große »Aha-Erlebnis« kommt, diese Freude: »Super, jetzt kann ich alles lesen.« Oder denken wir nur an die Mathematik, wenn einem plötzlich die Zusammenhänge klar werden und dann alles ganz einfach erscheint, an das Erlernen neuer Sprachen und vieles mehr: Immer ist ein wenig Geduld und die Fähigkeit erforderlich, zu warten, bevor man erfreuliche Konsequenzen genießen kann.

Ungeduldige Kinder werfen schneller die Flinte ins Korn, sie haben nicht die Zähigkeit, ein wichtiges Ziel zu verfolgen. Warten lernen ist nicht ganz leicht für quirlige Burschen, Geduld ist wahrlich nicht ihre Stärke. Alle Wünsche sollten hier, jetzt und sofort erfüllt werden. Jetzt ist das lustige Spielen wichtiger als das mühsame Lernen für eine gute Note in der Schularbeit, die erst in vier Wochen geschrieben wird. Es geht also um die klassischen Tugenden des »Sparens«, um den Verzicht auf viele kleinere Vergnügungen, um sich zu einem späteren Zeitpunkt einen größeren Wunsch erfüllen zu können. Nicht leicht in einer Zeit, in der Eltern selbst kaum noch lange für einen größeren Wunsch sparen müssen, wenn man sich doch leicht zum Beispiel durch einen entsprechenden Kredit viele Wünsche sofort erfüllen kann. Besser wäre es, wenn unser Nachwuchs beobachten könnte, dass auch die Eltern, zum Beispiel für das neue Auto oder den Urlaub, sparen und dabei auf manches verzichten müssen, noch besser, wenn das auch mit den Kindern besprochen wird.

Wichtig für Kinder ist es allerdings auch, dass sie immer wieder die Erfahrung machen konnten, dass sich das Warten gelohnt hat. Ein Kind wird also vor allem dann bereit sein, zum Beispiel jetzt zu arbeiten, um später eine erfreuliche Schularbeiten-Note heimzutragen, wenn es *das Vertrauen hat*, dass sich die erfreulichen Konsequenzen seines Bemühens auch tatsächlich einstellen werden.

TIPP

- Nicht alle Wünsche der Jungen sofort erfüllen, sondern das Kind zum Sparen anregen. Zu Beginn vielleicht eine leicht überschaubare Zeit des Sparens und Wartens einplanen, damit das Kind durchhält und die erfreulichen Konsequenzen auch genießen kann, dann langsam steigern.

Disziplin alleine ist allerdings zu wenig!

So vorteilhaft es für unsere Jungen ist, dass sie lernen, ihre schulischen Pflichten gewissenhaft zu erfüllen, so wichtig ist es auch, dass sie Raum und Gelegenheit haben, eigene Interessen zu finden und ihre Ideen zu verfolgen.

Die in Kapitel 3 bereits erwähnte Leistungsüberlegenheit der fernöstlichen Schülerinnen und Schüler bei den PISA-Testaufgaben bezieht sich zum überwiegenden Teil auf Aufgaben, in denen das in der Schule erlernte Wissen auf neue Aufgabenstellungen angewandt werden muss. Das ist sicherlich notwendig und richtig, der schulische Drill darf aber nicht so weit gehen, dass Kinder kaum Gelegenheit haben, ihre eigenen Interessen und Ideen zu verfolgen.

Bei jedem Bauwerk werden viele Handwerker ihr erlerntes Können einsetzen müssen, damit das Werk gelingt, aber es braucht auch immer jemanden, der die Idee zur Gestaltung des neuen Hauses hat.

Sind die schulischen Pflichten erledigt, dann sollte das Kind möglichst uneingeschränkt über seine Freizeit verfügen können. Wer jedoch verhindern will, dass sich der Nachwuchs jetzt nur passiv vor den Fernseher hockt oder mit Computerspielen die Zeit totschlägt, der sollte die Interessen seines Kindes in möglichst vielfältiger Weise anregen.

TIPPS

- Beziehen Sie das Kind möglichst bald in interessante Gespräche über Sport, Politik, Kultur ein und behandeln Sie seine Gesprächsbeiträge dabei eher wertschätzend, also statt »Blödsinn, davon verstehst du noch nichts«, eher »Gute Idee, aber leider geht das nicht so leicht, weil ...«.

- Planen und bieten Sie dem Kind viele interessante anregende Unternehmungen: Urlaub in fremden Ländern, Wanderungen in der freien Natur, Besuche im Museum oder im Zoo.
- Bieten Sie alternative Medien an, auch Bücher und Zeitschriften und sprechen Sie mit dem Kind darüber.

Kapitel 5

Traurig sein, Gefühle zeigen, reine »Mädchensache«?

Ist bei Ihrem Sohn immer »alles in Ordnung«, obgleich er sein fröhliches Lachen verloren hat?

Kleine Helden kennen keine Angst!

Viele Buben-Eltern werden eine ähnliche Situation kennen: *Der Sohn kommt mit »hängenden Ohren« heim. Er wirkt so, als wäre er in sich selbst zusammengesackt, und auf die Frage, was denn los sei, antwortet er, dass eh alles in Ordnung sei, er sei nur müde. Vielleicht zwingt er sich dabei noch ein kleines Lächeln ab. Unser ansonsten mitteilungsbedürftiger Nachwuchs zieht sich in sein Zimmer zurück und bleibt lieber alleine.*

Die besorgten Eltern denken womöglich zuerst an ein »Nicht genügend« oder an eine andere schulische Katastrophe, aber nach langem, beharrlichem Schweigen erfährt wahrscheinlich die einfühlsame Mama, was wirklich passiert ist. Das, was den kleinen Burschen bedrückt, ist in aller Regel kein *Leistungsversagen* in der Schule – damit werden Buben eher leichter fertig als die Mädchen –, sondern es geht eher um ein *Kontrollversagen*. Unserem Nachwuchs war es möglicherweise nicht gelungen, seine Angstgefühle unter Kontrolle zu bringen. Konkret könnte er sich bei einer körperlichen Auseinandersetzung »gedrückt« haben, die häufig auf dem Schulweg ausgetragen wird und bei der es primär darum geht, die Rangordnung in der Klasse neu zu bestimmen. Er mag sich also gefürchtet haben, vielleicht vor einem viel zu starken Mitschüler, und diese Furcht ist mit seinem Bild, das er von sich selbst hat, nun gar nicht in Einklang zu bringen. Er möchte doch so sein wie der Papa oder die vielen Helden im Film und im Fernsehen, die – scheinbar – keine Gefahr scheuen, die sich immer mutig in die Schlacht werfen, nicht so eine lächerliche Figur werden, die nur am Rande steht und sich nichts traut. Er wird sich ob eines »Versagens« derartig schämen, dass oft nicht einmal die beste aller Mütter etwas von seinem Kummer erfährt.

Der Ausflug in einen Vergnügungspark endete für die Freunde Jochen und Peter mit einem gebrochenen Bein und einem Knochenriss. Was war geschehen? Die beiden Zehnjährigen hatten sich zu einer Mutprobe entschlossen: Sie waren auf einen hohen Masten geklettert und hatten sich ausgemacht, dass sie beide hinunterspringen würden, egal, was passiert. Zunächst sprang Peter, der anschließend schmerzverzerrt nach seinem

Bein griff und vor Schmerzen laut aufschrie, aber ein Mann hält schließlich sein Wort, und so folgte ihm auch Jochen. Als die Eltern Jochen in seinem Schmerz trösten wollten, meinte dieser: »Ist nicht so schlimm, jedenfalls bin ich jetzt ein richtiger Mann.«

Ein »Mann« zu werden, »seinen Mann zu stehen«, »ein starker Mann« zu werden sind wichtige Ziele für Jungen und hier dienen Väter, Großväter und viele andere männliche Idole als Vorbild. Die Mama mag bei einer Hochzeit vor lauter Rührung ein paar Tränen vergießen, aber der Papa zeigt ein unbewegtes Gesicht, und an ihm orientiert sich der Sohn, er ist das wichtigste Vorbild für ihn. Wenn also der Papa recht cool scheinbar jede Situation voll im Griff hat, wenn er niemals Schwächen zeigt, nie erkennen lässt, dass er sich zum Beispiel auch vor Arbeitslosigkeit fürchtet oder hilflos fühlt angesichts massiver Intrigen in seinem Job, nie erkennen lässt, dass er ganz einfach auch mal traurig ist, Zukunftsängste hat oder gar verzweifelt ist, dann ist er für seinen männlichen Nachwuchs ein attraktives Vorbild. Diese Rolle können auch fast alle Superhelden in den Filmen und im Fernsehen einnehmen, die vor allem stark, mächtig, unerschrocken und mutig erscheinen, jeder schwierigen Situation gewachsen sind und sich nicht durch störende Gefühle wie Furcht von ihren Vorhaben ablenken lassen, sondern das tun, was »ein Mann eben tun muss«.

Kleine Helden weinen nicht!

Das Schultor öffnet sich und eine Gruppe von munteren Burschen strömt ins Freie. Ein Zehnjähriger stürzt und landet mit seinem Knie auf der Bordsteinkante. Er hält sein blutendes Knie, und es ist nicht zu übersehen, auch ein paar Tränen laufen über sein Gesicht. Eine freundliche alte Dame gesellt sich zu ihm. »Na, wer wird denn da gleich weinen«, meint sie ermunternd, »steh mal auf, siehst du, das geht ja schon wieder.« Mit einem leicht verschämten Blick humpelt unser kleiner Mann eilig davon.

Armer, kleiner, verhinderter Held, neben seinen Schmerzen plagt ihn vermutlich ein Schamgefühl: Er hatte geweint, wie so eine »Heulsuse«, und so eine Oma hatte seine Tränen bemerkt und musste ihm auch noch Mut zusprechen. Wir wissen nicht, was jetzt schlimmer zu ertragen ist, die Knieschmerzen oder dieses Gefühl, versagt zu haben?

Man kann sich ganz gut vorstellen, dass unsere freundliche alte Dame sich gänzlich anders verhalten hätte, wenn ein kleines weinendes Mädchen mit blutendem Knie auf der Bordsteinkante gesessen hätte, wahrscheinlich eher so: *»Oh je, was ist denn da passiert, tut es weh?«* Und sie hätte auch sicher versucht, der Kleinen zu helfen, also sie vielleicht nach Hause begleitet.

Kleine Helden gehen ihre eigenen Wege!

Das merkt man zuerst einmal daran, dass sich unser Sohn nach den ersten Schultagen sehr schnell von Mama oder Papa verabschiedet. Die könnten doch glatt auf die Idee kommen, den Jungen – wie gewohnt – so kurz vor der Schultüre noch mal in den Arm zu nehmen und ihm vielleicht sogar ein Küsschen auf die Wange drücken. Das wäre ja eine schöne Blamage.

Auf den ersten Blick ein fröhliches Bild vor einer Salzburger Grundschule: Aufgeregte Kinder mit ihren prall gefüllten Schultüten haben sich zusammen mit ihren noch aufgeregteren Eltern auf dem Pausenhof versammelt. Viele Mütter und Väter kennen sich und schnattern fröhlich miteinander an diesem ersten Schultag für ihre Kinder. Und die Buben und Mädchen? Viele lachen fröhlich, sie freuen sich offensichtlich schon auf die neue Schule, andere scheinen etwas skeptisch oder ängstlich der neuen Situation gegenüberzustehen.

Ein kleiner Junge scheint es besonders schwer zu haben, sich von seiner Mama zu trennen. Er bleibt auf Mamas Arm, widersteht allen geduldigen Bemühungen seiner Mutter, ihn ein wenig abzusetzen, er streichelt dafür Mamas Locken und er küsst sie. Auch als alle anderen Kinder in ihren Bänken zum ersten Mal Platz nehmen, will er seinen Platz auf Mamas

Arm nicht so leicht räumen. Schließlich gelingt es der Mutter, ihn auf seinen Platz zu setzen, aber er lässt Mamas Hand nicht los. Bis zum dritten Schuljahr bringt seine Mutter ihn täglich in die Schule und holt ihn auch dort wieder ab, bis er endgültig auch seine neue Lehrerin ins Herz schließt.

Ist dieser Junge nun ein »Weichei«, ein »Mamasöhnchen« oder gar ein Psychopath? Nichts von alledem, er brauchte halt ein wenig länger, um sich von seiner Mutter zu lösen, und seine Mutter ließ ihm die nötige Zeit, um eine erste Trennung zu vollziehen. Schwer für ihn war allerdings die Tatsache, dass sein zärtliches Verhältnis zur Mutter nach außen sichtbar wurde und ungewöhnlich erschien.

Von einem Jungen wird schon im zarten Alter von sechs Jahren erwartet, dass er sich von der intimen Bindung zu seiner Mutter löst, sich auf eigene Beine stellt und eine männliche Identität entwickelt, zu der natürlich Distanz und Selbstständigkeit gehören. Ein zärtliches Verhältnis zur Mama sollte zumindest nicht nach außen hin deutlich werden, ein Küsschen am Abend ist o. k. – aber vor der Schultüre absolut tabu. Er galt in seiner Klasse als »anders«, als »Weichei«, wurde nie zu Geburtstagen eingeladen und häufig verspottet.

Wie ging es nun den anderen »coolen Burschen«, die sich scheinbar völlig ohne Probleme von ihrer Mutter trennen konnten? Für die meisten Kinder war es sicher nicht die erste Trennung von ihrer Mutter, aber doch eine neue, unbekannte Situation: eine neue Bezugsperson, neue Kinder, mit denen man zurechtkommen muss, und gänzlich neue Anforderungen. Keine Tränen, wie bei dem einen oder anderen Mädchen, kein Klammern an die Eltern, sondern – so wie man es von einem Buben erwartet – völlig selbstverständlich, ohne erkennbare Emotion. Also alles in Ordnung, kein Trennungsschmerz, kein Unwohlsein in der völlig neuen Umgebung, keine Angst, von den Mitschülern abgelehnt zu werden? Das wird man wohl nicht annehmen können, aber offensichtlich hatten die Schulanfänger schon etwas gelernt: Coole Burschen lassen sich so etwas erst gar nicht anmerken.

Typische Probleme in der Schule

Man kann sich ganz gut vorstellen, dass Jungen, die alles in sich hineinfressen, die einen großen Kummer haben, die traurig, ängstlich und verzweifelt sind und sich noch solcher Gefühle schämen, ihr Inneres fest verschließen und, statt sich Hilfe zu holen, nicht öffnen. Diese Jungen sind so sehr mit der Aufrechterhaltung eines coolen Images und damit beschäftigt, dass nur ja niemand ihr wahres Ich, dieses aus ihrer Sicht so feige, weibische, ängstliche Ich, erkennt, dass ein Engagement in der Schule eher zur Nebensache wird. Viel wichtiger für einen solchen Buben ist es, die Fassade aufrechtzuerhalten. Wäre ja auch noch schlimmer, wenn womöglich noch das Image des Streber hinzukäme.

Dazu gesellen sich oft auch noch disziplinäre Probleme, nicht nur weil der Schuljunge glaubt, durch möglichst freches, auffälliges Verhalten seine »Männlichkeit« beweisen zu müssen, nicht nur, weil er möglicherweise glaubt, den anwesenden Damen imponieren zu können – es kann auch sein, dass er ganz einfach nur unglücklich oder ängstlich ist.

Über seine Furcht, zum Beispiel vor dem Sportunterricht, kann er nicht sprechen, dann würde er nur noch mehr verhöhnt werden. Hier wird er praktisch jedes Mal gehänselt, weil er der Kleinste in der Reihe ist, weil die Ringe im Turnsaal extra für ihn etwas heruntergelassen werden müssen, damit auch er sie erreicht, weil niemand ihn in seiner Mannschaft haben will, weil er so ein »Shorty« ist. Diese Ängste vor der nächsten Sportstunde wird er also hinunterschlucken müssen, aber Wut und Ärger gelten durchaus als männlich, auch wenn man sie ausagiert. So kann es dann geschehen, dass unser »Kleiner« aus einem absolut nichtigen Anlass heraus »ausrastet«, brüllt, wild um sich schlägt, kurz »verhaltensauffällig« wird, wie es in der Schulbürokratie dann bezeichnet wird, während sich niemand erklären kann, was nun wirklich los ist.

TIPP

- Normalerweise wollen auch unsere Jungen ihren Eltern gefallen. Wenn sie sich jedoch so verhalten, dass es uns sicherlich nicht gefällt, zum Beispiel die Eltern wütend anschreien, beschimpfen oder die Türen knallen, dann sollten wir uns Gedanken darüber machen, warum das sonst vielleicht friedfertige Kind plötzlich ausrastet. Wir sollten uns nicht täuschen lassen von dem coolen Gesichtsausdruck, mit dem es wahrscheinlich unsere Vorhaltungen zur Kenntnis nimmt. Wir laufen sonst schnell Gefahr, dass wir völlig unangemessen reagieren. Fragen Sie also Ihr Kind – am besten unter vier Augen –, was los ist, warum es so wütend reagiert, ob es in der Schule Ärger gegeben hat, versuchen Sie also zunächst einmal hinter seine coole Maske zu schauen. Erst dann können wir eine gute Lösung finden.

Wie es drinnen aussieht, geht niemanden was an

Diese Überzeugung hat manchmal dramatische Folgen, weil niemand eine gefährliche Entwicklung wahrnimmt, wie bei Thomas, einem 14-jährigen Gymnasiasten.

Die letzte, alles entscheidende mündliche Prüfung in Mathematik vor der Zeugniskonferenz war zu bestehen, um in die nächste Klasse aufsteigen zu können. Thomas musste sie bestehen, sonst würde er die Schule wohl endgültig verlassen müssen und von seinen Schulfreunden getrennt werden. Noch schlimmer: Wie sollte er das seinen Eltern beibringen, dass er erneut gescheitert, dass er wohl der einzige »Versager« in dieser Familie war?
Seine Mitschüler werden später sagen, dass er sein Scheitern in dieser Entscheidungsprüfung total cool hingenommen hat, ja, im Gegenteil, er habe sich sogar vor lauter Lachen gebogen, als wenig später ein Mitschüler eine lustige Bemerkung von sich gegeben hat. Thomas kam nach der Schule nicht nach Hause. Er kam nie mehr nach Hause, er hatte sich in seiner Verzweiflung von einem Felsen gestürzt. Völlig unverständlich für alle, die ihn kannten, mochten und liebten. Gab es Schuldige an dieser Tragödie, gab es Eltern, Lehrerinnen, Lehrer oder Freunde, denen doch etwas hätte auffallen müssen? Warum hat niemand etwas gemerkt?

Man muss nicht lange nach schuldigen Personen suchen, schuld ist hier vor allem dieses gesellschaftliche Tabu, diese von Generation zu Generation weitergegebene Vorstellung darüber, welche Gefühle ein Schulbub, ein Jugendlicher, ein Mann zeigen darf und, vor allem, welche er auf keinen Fall zeigen darf. Gefühle, die auf eine Schwäche hinweisen könnten, sind immer tabu.

Wenn sich zum Beispiel Mädchen vor Spinnen fürchten, wenn sie Angst haben, in bestimmten Leistungssituationen zu versagen, wenn sie sich schämen, weil sie schulische Leistungen nicht erbracht haben, die man von ihnen erwartet hat, wenn sie traurig sind, dann haben Mädchen im Allgemeinen keinerlei Probleme damit, ihre Gefühle zu zeigen, zumindest werden sie auf entsprechende Nachfrage gleich sagen, wie es ihnen geht.

Für Buben gibt es hingegen dieses Tabu: »Ein Indianer kennt keinen Schmerz.« Weinen, zugeben, dass man sich fürchtet, dass man sich schämt, dass man traurig, unglücklich ist oder Ähnliches, mag höchstens bis zum Schuleintritt bei einem Buben akzeptiert werden. Später werden vor allem aggressive Emotionen wie Wut, Zorn, Verärgerung dem Jungen zugestanden.

Um ein weinendes Mädchen zum Beispiel, das in der Schule versagt hat, würden sich aller Wahrscheinlichkeit nach schnell einige Freundinnen scharen, die trösten und helfen würde. Ein Bub in einer vergleichbaren Situation hätte eher zu seinem Kummer auch noch mit dem Spott seiner Mitschüler zu rechnen. Selbst in sehr liebevollen Familien erfahren Mütter und Väter oft nichts von dem, wie es »drinnen aussieht«. »Lasst mich in Ruhe, es ist eh alles in Ordnung«, wird man oft auch dann zu hören bekommen, wenn nichts in Ordnung ist. Mädchen neigen hingegen dazu »auszupacken«, ihre Gefühle mitzuteilen, sich trösten und helfen zu lassen.

Nach den Untersuchungen von Pollak ist das Selbstmordrisiko bei den Jungen vier- bis sechsmal so hoch wie bei den Mädchen! Nun mag man einwenden, dass sich die Studien von Pollak auf die amerikanischen Verhältnisse beziehen, aber Studien aus dem deutschsprachigen Raum kommen zu ähnlichen Ergebnissen. Im Rahmen einer umfangreichen Untersuchung von Milhoffer antworten mehr als 50 Prozent der Jungen auf die Frage »Wenn du mal Kummer hast, gibt es dann jemanden, mit dem du darüber sprechen kannst?«, dass sie entweder niemanden brauchen oder niemanden haben, mit dem sie darüber sprechen können. Bei den Mädchen hingegen äußern sich nur 6 Prozent in dieser Weise. Wenn sich Kinder jemandem anvertrauen, dann ist bei den Burschen und Mädchen die Mutter die erste Ansprechpartnerin (bei den älteren Mädchen eher die Freundinnen), die Väter werden jedoch gar nicht genannt und auch die Lehrerinnen oder Lehrer an den Schulen scheiden offensichtlich als Helfer bei Kummer und Nöten aus. Jungen haben also keinen gleichgeschlechtlichen Partner, mit dem sie über unangenehme Gefühle, vor allem über Ängste, Schwächen, Scham sprechen könnten.

Mädchen leiden genauso wie Jungen unter den Widrigkeiten, die eine Schulzeit so mit sich bringt, aber sie haben eine bessere Strategie entwickelt, damit umzugehen.

Thomas aus unserem Beispiel hatte einen sehr erfahrenen, gutmütigen Mathematiklehrer, der ihm sicher geholfen hätte, wenn er hinter die Maske seines Schützlings hätte schauen können. Die objektive Schulsituation war ja keineswegs so hoffnungslos, wie sie unser unglücklicher Schüler in dieser Situation offensichtlich wahrgenommen hat. Er hätte ihn vor allem auf die Möglichkeiten bei der Wiederholungsprüfung nach den Ferien hinweisen können, hätte sich zuversichtlich zeigen können, dass Thomas das wohl schaffen würde, und vieles mehr, wenn er nur eine Ahnung gehabt hätte, wie verzweifelt sein Schützling war.

Fehlt unseren Buben dieses so lebensbeschützende Gefühl einer normalen Angst?

Werden zur Untersuchung dieser Frage Fragebögen oder andere Skalen eingesetzt, mit deren Hilfe sich ein Bub selbst einschätzt, ist klar erkennbar, dass Buben nicht gerne ihre Ängstlichkeit zugeben und sich »günstiger« darstellen, als sie sind. Werden allerdings physiologische Testmethoden angewandt, so zeigt sich, dass Buben genauso ängstlich sind wie die Mädchen. Warum also ein solches Tabu?

In kriegerischen Auseinandersetzungen ist die Angst natürlich ein massiver Nachteil. Furchtsame, vielleicht sogar weinende Soldaten würden eher weniger abschreckend wirken, und so kann man davon ausgehen, dass dieses Tabu, vor allem Angstgefühle zu haben oder sie gar zu zeigen, gesellschaftlich bedingt ist.

Können nun Buben und Männer weniger deutlich ihre Gefühle zeigen?

Wir wissen bereits aus Kapitel 1, dass männliche Neugeborene im Durchschnitt deutlich besser als weibliche Babys den Eltern ihre Gefühle von Unlust, Schmerz, Angst oder Traurigkeit deutlich machen können. Und sie können in ihren ersten Lebensjahren auch häufiger als weibliche Babys die Erfahrung machen, dass ihnen mehr Aufmerksamkeit, mehr Hilfe und Verständnis vonseiten ihrer Eltern entgegengebracht wird. So werden sie in ihrem Verhalten – jedenfalls in der Kleinkindzeit – auch durchaus bestärkt. Noch in der Kleinkindzeit kann man leicht in einem Bubengesicht lesen, wie er sich fühlt.

> Ein kleiner »Dreikäsehoch« war in die Küche entwischt, und die bemerkenswerte Stille veranlasste die Mama, doch einmal nachzuschauen. Tatsächlich, der Kleine spielte an den so begehrten Knöpfen des Elektroherdes. Beim Anblick der Mutter krauste sich die Stirn des kleinen Mannes, er blickte ärgerlich zur Mama: »Ausgerechnet jetzt muss die kommen, wo ich doch so schön spielen könnte«, mag er sich wohl gedacht haben. Aber plötzlich hellte sich seine Miene auf, er strahlte, offensichtlich hatte er eine tolle Idee, wie er sein Problem lösen könnte: »Tschüss Mama«, lachte er und winkte zum Abschied fröhlich mit seiner kleinen Hand.

Kein Problem also, die Gefühle des kleinen Mannes richtig einzuschätzen!

Oder denken Sie an einen kleinen Buben, der vor Ihnen steht, mit leicht gerötetem Gesicht, den Kopf gesenkt, die Augen auf den Boden gerichtet, der sich offensichtlich schämt, weil er beim Spiel mal wieder vergessen hat, rechtzeitig das WC aufzusuchen. Die einfühlsame Mama oder der Papa wird also das Kind nicht weiter beschämen, sondern eher zum Ausdruck bringen, dass es beim nächsten Mal schon klappen wird.

Und was passiert, wenn die Mama dem kleinen Jungen mit dramatischer Stimme erzählt, wie der böse Wolf das Rotkäppchen gefressen hat? Sie wird wahrscheinlich in weit aufgerissene Augen schauen, sie wird sein angespanntes Gesicht sehen, und sie wird, um den Kleinen nicht länger zu ängstigen, schnell zum glücklichen Ende der Geschichte kommen.

Wir sehen also, der Gefühlsausdruck hilft uns, bei unseren Kindern adäquat zu reagieren. Gelingt es uns nicht, hinter die Maske unseres Jungen zu schauen, laufen wir immer Gefahr, völlig unangemessen zu reagieren. Zurück bleiben dann völlig verzweifelte Jungen und Eltern mit schlechtem Gewissen, wenn ihnen klar wird, dass sie die Situation völlig falsch eingeschätzt haben.

Mädchen und Jungen erleben Gefühle wie Angst, Einsamkeit, Stolz, Schuld oder Scham in gleicher Weise, sie haben nur gelernt, anders damit umzugehen. Jungen unterdrücken Gefühle der Schwäche, sind eher darauf aus, Probleme zu lösen oder – wenn das nicht möglich ist – sich mit andersartigen Tätigkeiten abzulenken. Mädchen neigen mehr dazu, Gefühle auszudrücken, sich soziale Unterstützung zu suchen, etwa bei den Eltern oder den Freundinnen, und sie neigen eher dazu, lange zu grübeln, um schließlich die Schuld bei sich selbst zu suchen.

Jungen *könnten* also ihre Gefühle zum Ausdruck bringen, aber ein ungeschriebenes Gesetz scheint es ihnen zu verbieten.

Haben Sie schon mal einen kleinen Helden gesehen, der gerne Vokabeln lernt?

Eben! Das passt nun wirklich nicht zum Bild eines angehenden »Haudegens«, eher zu einem Muttersöhnchen, und wer will das schon sein. Also, so richtig leistungsfördernd ist dieses Männlichkeitsideal nun auch nicht, es schadet unseren Jungen auf vielfältige Weise.

Dieses eigentlich längst überholte Männlichkeitsideal vom »Helden ohne Furcht und Tadel« ist eben ein Ideal, das prinzipiell unerreichbar ist, aber es lebt weiter und wird von den Vätern und von den Medien an die jüngere Generation weitervermittelt.

Viele Schüler, so fand der amerikanische Forscher William Pollack heraus, sind mit ihren Selbstzweifeln, ihrer inneren Verzweiflung alleine, weil sie sich – vor lauter Scham – niemandem anvertrauen, oft nicht einmal mit der eigenen Mutter über ihr Unglück reden können.

Später, in der Schulzeit, wird dieses ungeschriebene Gesetz durch die Klassengemeinschaft weiter gefestigt und ein Abweichen wird oft mit Spott und Zurückweisung bis zum Ausschluss aus der Klassengemeinschaft hart sanktioniert.

Den Jungen fehlen die männlichen Vorbilder

Vielen Jungen fehlen mehr oder weniger in der gesamten Kindheit die männlichen Vorbilder, an denen sie sich orientieren können. Im Elternhaus, im Kindergarten oder in der Grundschule gibt es fast keine männlichen Erzieher mehr. Viele alleinerziehende Mütter haben kaum noch Kontakt zum Vater des Sohnes und viele beruflich überlastete Väter kümmern sich kaum um ihre Söhne und überlassen lieber das mühsame »Erziehungsgeschäft« der Ehepartnerin. Erziehungsberufe sind zumeist chronisch unterbezahlt und vor allem für Frauen attraktiv, weil sich oft Beruf und Familie gut vereinbaren lassen. Eine Grundschullehrerin kann immerhin einen Teil ihrer beruflichen Verpflichtungen zu Hause erledigen. Für Männer stellt sich offensichtlich nie die Frage, wie sie Beruf und Familie wohl vereinbaren könnten.

Viele Buben haben so kaum die Chance, Männer kennenzulernen, die nicht wie die vielen irrealen Helden, die im Fernsehen präsentiert werden, mutig, ohne Furcht in allen Situationen ihren Mann stehen. Hätten sie mehr reale Vorbilder von Männern, die auch weiche Seiten haben, die sich auch liebevoll um sie kümmern und vielleicht auch über Gefühle sprechen, die in der irrealen Welt der Filmhelden natürlich tabu sind, kämen die Jungen eher zu der Einsicht, dass sich Frauen und Männer nicht gar so sehr unterscheiden.

Können gewalthaltige Computerspiele den Jungen helfen, angemessen mit ihren Gefühlen von Angst umzugehen?

Eine langfristige Prognose, wie solche Spiele auf die Kinder und Jugendlichen wirken, kann man zum jetzigen Zeitpunkt nicht seriös abgeben (mehr dazu in Kapitel 7), aber eines sollte uns zu denken geben:

Bei den sogenannten »Ego-Shooter-Spielen« muss sich der jugendliche Spieler sehr konzentrieren, er muss andere Personen oder personenähnliche Wesen töten, er muss cool bleiben, um nicht selbst erschossen zu werden. Damit wäre dann das Spiel beendet. Um den Fortgang des Spieles sicherzustellen, um zu gewinnen und zu »überleben«, wird er bestimmte Leistungen erbringen müssen. Der Junge wird also, um das Spiel gewinnen zu können, seine Gefühle ausblenden müssen, sonst würde er ja scheitern. Es ist somit eher zu befürchten, dass Kinder lernen, in kritischen Situationen nur noch zu funktionieren und hinderliche Gefühle etwa von Angst erst gar nicht zuzulassen. Nur dann kann er ja siegen und die Gefühle von Stolz genießen. Es ist also theoretisch eher davon auszugehen, dass solche Spiele mehr dazu beitragen, vorhandene Klischeevorstellungen, zum Beispiel vom coolen Typen, der keine Angst kennt, aufrechtzuerhalten.

Wie kann man erkennen, dass ein Junge seinen Kummer fest im Inneren verschlossen hat?

- Wenn ein Schuljunge nichts von der Schule erzählen will, alle Fragen zum Thema Schule verärgert zurückweist.
- Wenn er meint, dass alles in Ordnung sei, seine Miene jedoch dagegenspricht.
- Wenn das Kind sich unbeobachtet fühlt und in dieser Situation traurig, unglücklich wirkt.
- Wenn ein Kind sich zurückzieht und nur noch wenige oder keine Freunde mehr hat.
- Wenn es sich heftig weigert, in die Schule zu gehen.
- Wenn häufig unangemessene Wutanfälle in Situationen ausbrechen, die den Eltern völlig unverständlich erscheinen. (Wenn ein Bub zum Beispiel eigentlich nur traurig darüber ist, dass sich die Eltern fast ausschließlich mit dem Geschwisterkind beschäftigen, eine solche Traurigkeit vom Buben jedoch als unmännlich beurteilt wird, kann es sein, dass er auf andere »männliche« Emotionen, wie zum Beispiel Wut, ausweicht, um sich Luft zu machen.)

Solche Auffälligkeiten, aber noch viele andere mehr können Hinweise sein, die man ernst nehmen sollte.

Wie kann man einen unglücklichen Buben dazu bringen, sich zu öffnen?

- Hier wären vor allem die Papis gefragt: Super, wenn Papi seinem Sprössling – vielleicht zum ersten Mal – etwas davon erzählt, wie er sich gefühlt hat, als er zum Beispiel sein erstes Referat in der Schule halten sollte, vor der Klasse stand und vor lauter Aufregung kein Wort herausbrachte, wie die ersten Klassenkameraden anfingen zu grinsen, wie er nach Luft schnappte und beim besten Willen nicht sprechen konnte, sondern auch noch anfing zu zittern, wie dann auch noch sein bester Freund, statt ihm zu helfen, in die Klasse rief: »Nun mach dir bloß nicht in die Hose!« Wenn also Papi solche selbst erlebten Geschichten glaubwürdig und ehrlich erzählt, auch wie miserabel er sich bei dieser Gelegenheit gefühlt hat, dann sind die Chancen groß, dass auch der Sohn von seinen Schulproblemen spricht. Allerdings haben wir bereits gesehen, dass ausschließlich die Mütter – wenn überhaupt – bei Kümmernissen dieser Art angesprochen werden. Vielleicht deswegen, weil unser Papi bis heute nicht gelernt hat, über seine Gefühle von Angst, Furcht, Scham zu sprechen?
- Vielleicht könnte Papi wenigstens darauf verzichten, innerhalb der Familie den stets starken, unerschütterlichen Helden zu spielen. Er könnte hin und wieder auch »Schwächen« zugeben. Wichtig für den Sohn wäre es zum Beispiel, wenn er auch von seinen aktuellen Ängsten und Sorgen im Beruf spricht, aber auch darüber, dass er solche Ängste nach außen hin tunlichst für sich behält, um nicht als »Weichei« abgestempelt zu werden und womöglich Nachteile in Kauf nehmen muss.
- Aber natürlich sind die Mütter geradezu »Gefühlsexperten« und prädestiniert dafür, den Kummer des Sohnes zu erkennen und ihm zu helfen.
- Eine weitere Möglichkeit besteht darin, dass man mit dem Sohn etwas Gemeinsames unternimmt. Nicht eine anstrengende Bergtour, wenn der Nachwuchs solche Wanderungen hasst und nur unlustig hinterhertrabt, sondern etwas, das sich an den Vorlieben des Kindes orientiert, wo das Kind so richtig Spaß hat, fröhlich und entspannt ist und vielleicht ganz von alleine auf seine Sorgen zu sprechen kommt.

Wie kann man dem Kind helfen?

Wenn ein Junge ängstlich ist und sich zum Beispiel nicht traut, vom Einmeterbrett ins Wasser zu springen, dann ist es wichtig, ihm zu versichern, dass sich mehr oder weniger alle Buben am Anfang davor fürchten, es jedoch niemals zugegeben werden. Dann kann man ihn ermuntern, sich der Quelle seiner Ängste vorsichtig zu nähern, also zunächst vom Beckenrand, dann vom Startblock zu springen, und ihm ein wenig Zeit lassen, bis er auch den Sprung vom Einmeterbrett schafft.

Es hat keinen Zweck, das Kind zu ermutigen, in der Schule, im Kreis seiner Freunde über seine wahren Gefühle und Ängste zu sprechen. Er würde nur gehänselt und womöglich aus der Klassengemeinschaft ausgeschlossen werden. Wohl sollte man alles daran setzen, dass die Gesprächsbasis mit den Eltern erhalten bleibt. Hier sollte der Junge jedenfalls einen sicheren Hafen haben, einen Bereich, wo er auf Verständnis und Unterstützung zählen kann.

Die Jungen sehnen sich durchaus nach Zärtlichkeit, nach engen Beziehungen und Zugehörigkeit, das sollte innerhalb der Familie auch möglich sein, aber es muss ja nicht nach außen hin deutlich werden, wenn es dem Kind schaden würde.

Man kann dem Jungen auch erklären, dass sich die gesellschaftlichen Vorstellungen darüber, wie ein Mann zu sein hat, längst gewandelt haben. Frauen wünschen sich sehr wohl auch Männer, die ihre Verletzlichkeit zum Ausdruck bringen.

Das Allerwichtigste ist, dafür zu sorgen, dass keine Kluft zwischen dem Kind und seinen Eltern, die ihn lieben und ihm gerne ihre Aufmerksamkeit schenken wollen, entsteht.

Kapitel 6

Freiheitsdrang und schlechte Noten bei den Mädchen in der Pubertät

Will Ihre sonst durchaus pflichtbewusste Tochter plötzlich nichts mehr von der Schule wissen?

Konflikte mit den Eltern sind erwünscht

Den Beginn der Pubertät bei den Mädchen können Eltern kaum übersehen. Etwa um das elfte Lebensjahr schießt die Tochter in die Höhe und parallel dazu wird aus einem kleinen Mädchen, ehe wir uns umsehen, eine hübsche kleine Dame. Und hier fangen gleich die Probleme an: Ganz offensichtlich ist das Mädchen kein Kind mehr, aber auch noch gar nicht erwachsen.

Doch zunächst scheint alles halb so schlimm zu sein, die Mädchen sind eher fröhlich, sehr aktiv, sie lachen und kichern zusammen mit ihren Freundinnen über alles und nichts in ihrer Umgebung. Sie erscheinen offen für alles Neue, sind neugierig und sehr interessiert.

Das ändert sich allerdings oft schlagartig: Wenn also die Tochter plötzlich mit grün gefärbten Haaren und einem Ring durch die Unterlippe vor den Eltern steht und darauf beharrt, dass ihr äußeres Erscheinungsbild nur sie und ausschließlich sie etwas angeht, dann sind Eltern mitten drin in der Pubertät, einer Phase, die den Eltern noch einmal alles abverlangt, bevor sie endgültig die Verantwortung für ihr Kind verlieren und der Nachwuchs eigene Wege geht.

Ungefähr mit dem Einsetzen der ersten Monatsblutung kommt es zu Gefühlsschwankungen, die von den Eltern oft als »von himmelhoch jauchzend bis zu Tode betrübt« beschrieben werden. Einmal »proben sie den Aufstand«, lehnen alles ab, weigern sich, den Aufforderungen der Eltern zu folgen, wenig später sind sie wieder lieb, anschmiegsam und angepasst. Mal sind sie schweigsam und scheinen nur zu träumen, ein anderes Mal fühlen sie sich von aller Welt verlassen und zutiefst enttäuscht. Oft scheint es, als wüssten die pubertierenden Mädchen selbst nicht, was sie mit sich anfangen können.

Wenn jetzt in der Familie »die Fetzen fliegen«, wenn die bislang üblichen Regeln des Zusammenlebens in der Familie von der Tochter nicht mehr ohne Wenn und Aber akzeptiert werden (so in der Art: »Wie es in meinem Zimmer aussieht, geht nur mich etwas an!«), dann ist das ein gutes Zeichen. Bedenklich wäre es, wenn sich die Tochter weiterhin einfügt, sich so kleidet, wie es die Eltern wünschen, keinen Widerspruch wagt. In diesem Fall kann von einem wichtigen Entwicklungsschritt wohl nicht gesprochen werden. Es könnte dann zum Beispiel so sein, dass sich die Tochter der Zuneigung ihrer Eltern nicht sicher ist und sie es erst gar nicht wagt, das häusliche Reglement infrage zu stellen.

Die Pubertät ist also keine »Puberkulose«, keine krankhafte Erscheinung, sondern Zeichen eines normalen, wichtigen Entwicklungsschritts, der den Weg ins Erwachsenenalter vorbereitet.

Ein Trost bleibt den Eltern in dieser Zeit des »Sturm und Drangs«, die Periode der Pubertät geht vorüber wie die Masern. Eltern und ihre Kinder entwickeln langsam mehr Verständnis füreinander, und die heftigen Konflikte flauen ab, die Eltern erkennen, dass ihre Tochter nicht immer Unrecht hat, vielleicht sogar manchmal auch sehr vernünftig argumentiert, und die Tochter überlegt sich noch einmal die Sache mit den grünen Haaren und ihrem Ring durch die Lippen.

Notentief in der Pubertät

Manche Eltern können es gar nicht so recht fassen: Ihre tüchtige Tochter, die bislang zur Freude der Eltern ein »Sehr gut« nach dem anderen nach Hause brachte, hat plötzlich Probleme in der Schule. Man kann die Eltern in diesem Fall leicht trösten, sie haben nichts falsch gemacht, nichts versäumt. Auch Spitzenschülerinnen lassen so etwa im Alter zwischen zwölf und 14 Jahren in ihren schulischen Leistungen nach. Fast alle wissenschaftlichen Untersuchungen weisen auf dieses Notentief in der Pubertät hin. Eigentlich erstaunlich, steigern doch die Heranwachsenden in dieser Phase ihres Lebens ihre geistigen Fähigkeiten noch einmal deutlich: Das Gedächtnis lässt sie nicht mehr so schnell im Stich, es fällt ihnen jetzt leichter, logisch zu denken und Probleme zu lösen, und sie erwerben auch die Fähigkeit, etwas auf lange Sicht zu planen. Dem Lernen in der Schule sollte jetzt eigentlich nichts mehr im Wege stehen, wären da nicht so kleine Probleme, die wir Erwachsenen vielleicht schon längst vergessen haben: Die erste große Liebe, der erste Liebeskummer, die Unzufriedenheit mit der eigenen Erscheinung und die damit verbundene Unsicherheit, der Zoff mit den Eltern um Ausgehzeiten, Klamotten und unaufgeräumte Zimmer.

Was also hindert die bislang so fleißigen Mädchen daran, in der Schule ihr Bestes zu geben?

Auch brave Töchter wollen eigene Wege gehen

In der Kindheit wollte das kleine Mädchen vor allem seinen Eltern gefallen, und es war bemüht, die Eltern mit guten Noten zu erfreuen. Zumindest hat das typisch weibliche Streben nach einem harmonischen Miteinander die Mädchen im Allgemeinen veranlasst, jedenfalls ihre Pflichten zu erfüllen, um keinen häuslichen Ärger auszulösen. Mädchen erfuhren in dieser Zeit vor allem dann Anerkennung, wenn sie sich einfühlsam, hilfsbereit, anpassungsfähig und kompromissbereit zeigten, wenn sie eigene Bedürfnisse zurückstellten. Sie fühlten sich schlecht, wenn sie hartnäckig ihren Standpunkt vertraten oder auch einmal wütend reagierten. In der Pubertät kann davon keine Rede mehr sein. Das hat Vorteile, vor allem, wenn unser schüchternes Mädchen dabei lernt, sich auch mal durchzusetzen, aber auch den Nachteil, dass ein wichtiger Grund für das schulische Lernen an Bedeutung verliert: Das Motiv, schulische Pflichten zu erfüllen, um Zoff mit den Eltern oder den Lehrerinnen und Lehrern zu vermeiden, hat an Bedeutung verloren. In der Phase der Ablösung von den Eltern werden durchaus Konflikte mit den Eltern in Kauf genommen. Das Motto kann jetzt in etwa so lauten: »Ob ich lerne oder nicht, ob und wann ich meine Hausaufgaben erledige, ist alleine meine Sache« - mit der Folge, dass Lernen und Hausaufgabenerledigen immer weiter hinausgeschoben werden.

TIPP

- Eltern, die sich den Auseinandersetzungen mit ihren Kindern stellen, die wertschätzend mit ihren Kindern argumentieren, sind weniger stark vom Notentief betroffen. Möglicherweise werden auch solche Eltern mit ihrem Wunsch nach einem intensiveren Engagement in der Schule zunächst brüsk zurückgewiesen – klar, ist doch alleinige Sache der Tochter –, aber man kann fast sicher sein, dass ihnen die elterliche Argumentation nicht gleichgültig ist und sie sich zumindest noch längere Zeit damit beschäftigen, auch wenn sie das nicht zugeben.

Sich in romantischen Träumereien zu verlieren ist attraktiver als das Lernen

Eigentlich sollte sich das Mädchen auf ihre Schularbeit vorbereiten, aber sie liegt lieber auf ihrem Bett und träumt, vielleicht von dem Prinzen, der sie auf einem Schimmel entführt, vom stattlichen Filmhelden, der sich unsterblich in sie verliebt hat, und so weiter. Diese Zeit der Schwärmerei, auch der sexuellen Fantasien ist so etwas wie eine Art »Trockenkurs«, bis das Mädchen reif ist für eine reale Beziehung. Der Bewegungsdrang der Mädchen ist im Gegensatz zu dem der Jungen in dieser Zeit recht eingeschränkt. Solche romantischen, wenig realistischen Träumereien sind natürlich wesentlich attraktiver als die englischen Vokabeln.

Aber auch hier werden die Schwärmereien zunehmend realistischer. Es muss bald nicht mehr ein Prinz auf einem weißen Pferd kommen, der Nachbarbub mit seinen lockigen schwarzen Haaren und dem seelenvollen Blick ist ja auch ganz nett, und mit dem knatternden Mofa zur nächsten »Pommesbude« entführt zu werden hat ja auch was für sich.

Bei den ersten, vorsichtigen realen Kontakten mit den »Traummännern«, den »Helden ohne Furcht und Tadel« wird für die Mädchen schnell deutlich, dass diese eher nicht bereit sind, ihre Angebetete »auf Händen durchs Leben zu tragen«, sondern dass die lieb und nett, aber auch genauso gemein und fies sein können wie unangenehme Klassenkameradinnen. Ist dieser Nimbus erst mal dahin, sind auch wieder Gespräche über schulische Abschlüsse und berufliche Ziele möglich.

»Der große Auftritt des heranwachsenden Stars«

> Christine hing nicht nur ihren jungmädchenhaften Träumen nach, sondern sie hatte sich von ihrem Taschengeld eine orangefarbige Strickjacke gekauft. Auf die Frage, warum denn die Strickjacke ausgerechnet eine leuchtend orange Farbe haben müsse, meinte die junge Dame: »Damit ich bei den Jungen besser ankomme.«

Typisch ist hier die bei Jugendlichen vorherrschende Vorstellung, dass alle Welt nur darauf wartet, das »Outfit« der Heranwachsenden zu betrachten. Sie glauben, dass sie das Interesse der Menschen, die ihnen begegnen, auf sich ziehen. Die Forscher Elkind und Boven vergleichen diese Vorstellung unserer Jugendlichen mit einem ständigen Leben auf einer Bühne, ständig beobachtet von einem interessierten Publikum. Die meisten von uns werden, wenn sie das Haus verlassen, einen kurzen Blick in den Spiegel werfen, um sicher zu sein, dass nicht ein losgetretener Saum oder Ähnliches unser Erscheinungsbild trübt. Bei den Jugendlichen genügt kein kurzer Blick, da ist der Spiegel länger blockiert. Passt die Hose wirklich zum Pullover, sollten die Haare besser hinter den Ohren getragen oder mehr ins Gesicht gekämmt werden? Vieles wird ausprobiert, bis sich die junge Dame endlich aus der Wohnung traut. Der Forscher Mietzel kommt zu dem Ergebnis, dass Mädchen im Durchschnitt eher unzufrieden mit ihrem Aussehen sind und früher und häufiger dazu neigen, ihrem Outfit eine unangemessene Aufmerksamkeit zu schenken.

Auch unser junges Mädchen geht fest davon aus, dass ihr »Auftritt« mit ihrer auffälligen Strickjacke die Aufmerksamkeit ihrer Umgebung auf sich ziehen wird und natürlich vor allem die der jungen Burschen. Sie wird sich aller Wahrscheinlichkeit nach sicherheitshalber noch mit ihren Freundinnen beraten, ob zum Beispiel die Farbe Orange wirklich zu ihrem Typ passt; sollten die Freundinnen das bezweifeln, würde das orangefarbige Prachtstück vermutlich schnell in einer dunklen Ecke verschwinden. Eltern kommen hier als beratende Experten nicht so leicht infrage, sie haben da natürlich keine Ahnung. Mehr noch: Es geht ja in dieser Zeit auch darum, sich durch »irre Klamotten« von den Altvorderen abzusetzen, ihnen zu zeigen, dass man einen eigenen Geschmack entwickelt hat. Also hat das von der guten Oma ausgewählte Trachtenkostüm da keine Chance. Nichts wie auf in die City auf »Klamottenjagd«, mit den besten aller Freundinnen, lernen kann man ja später.

TIPP

- Mädchen, die zu stark in ihrem Erscheinungsbild von den anderen Mädchen in ihrer Klasse abweichen, laufen Gefahr, aus der Gruppe ausgeschlossen zu werden. Das ist schmerzhafter, als viele Eltern glauben. Es ist also günstiger, mit den anderen Eltern in der Klasse zu sprechen und Kompromisse mit den Kindern auszuhandeln, als bestimmte allzu auffällige Kleidung zu verbieten.

Einsame Kinder und Jugendliche finden Freunde im Internet

Es gibt sie so gut wie gar nicht mehr, die Freundin in der Nachbarwohnung, im Nachbarhaus, mit der man spontan etwas spielen, Spaß haben oder etwas unternehmen kann. Es fehlt oft die Freundin, der man Aufregendes, Sensationelles sofort erzählen kann. Manchmal ist es nicht einmal möglich, auf den nahen Spielplatz zu laufen, weil man dort immer einen trifft, mit dem man »ratschen« kann. Auch das ist heute schon oft wegen der Verkehrssituation zu gefährlich und daher verboten. Also warten bis zum Abend, bis die Eltern endlich heimkommen?

Ob wir es nun beklagen oder nicht, die Familie und das Familienleben haben sich drastisch geändert. Die meisten Familien haben heute nur mehr ein Kind, und in der Regel haben beide Ehepartner einen Ganztagsjob, schon um die hohen Kosten für die Miete zahlen zu können.

Unsere Schulen haben noch nicht ausreichend mit geeigneten Ganztagesangeboten für die Schülerinnen und Schüler reagiert, aber die Onlinedienste haben sich schnell dieses Problems angenommen. Wer heute online ist, der kann mobil sein, ohne sich zu bewegen, kann in der eigenen Wohnung oder in der Schule mit dem Smartphone Kontakte mit vielen seiner echten Freunde aufnehmen oder auch die unterschiedlichen sozialen Netzwerke nützen, die heute angeboten werden. Die Onlinedienste füllen so eine Lücke aus, die unser Schulsystem bis heute noch nicht schließen konnte.

Nach der aktuellen KIM-Studie nutzen in der Altersgruppe der Sechs- bis 13-Jährigen 57 Prozent der Mädchen und 62 Prozent der Jungen das Internet auch, um mit Freundinnen oder Freunden in Kontakt zu treten. Bei den älteren Jugendlichen (zwölf bis 19 Jahre) sind schon 96 Prozent der Mädchen und 98 Prozent der Jungen zumindest hin und wieder online unterwegs. Hier sind es vor allem die sozialen Netzwerke, wie zum Beispiel Facebook, MySpace, SchülerVZ, die geradezu einen Siegeszug bei den Jugendlichen angetreten haben. Den Kindern und den Jugendlichen tut sich hier eine neue Welt auf: Sie können viele neue Freunde kennenlernen, als »Freund« in eine neue Gruppe aufgenommen werden. Sie können sich selbst präsentieren, mit einigen Daten über sich selbst, mit Fotos oder Videos. Diese Selbstpräsentationen sind zugleich Ausgangspunkt, um neue Freundschaften zu schließen, und Voraussetzung für die Nutzung solcher Plattformen. Der Betreiber einer Plattform bietet dafür kostenlos den Kindern und Jugendlichen an, schnell gleichgesinnte neue Freunde zu finden oder mit bekannten Freunden in Kontakt treten zu können.

Das Internet kennt keinen Radiergummi

Das Problem beim Zugang zu solchen Netzwerken besteht darin, dass schon beim Beitritt von den Kindern und Jugendlichen ein persönliches Profil erfragt wird. Den Kindern und Jugendlichen steht es also weitgehend frei, was sie von sich selbst preisgeben wollen, Adresse, Telefonnummer, Texte, Bilder, Videos und Ähnliches, und sie können auch bestimmen, wer Zugang zu ihren Daten haben soll, zum Beispiel ein begrenzter Freundeskreis oder die gesamte Internetöffentlichkeit.

Ausführliche und nicht immer leicht verständliche Nutzungsbestimmungen informieren darüber, wie sich Schülerinnen und Schüler vor unerwünschten Zugriffen schützen können.

Ein harmloses Bild zum Beispiel, auf dem ein Mädchen bei einer

Party mit offener Bluse abgebildet ist, signalisiert den engen, bekannten Freunden im Internet, dass man mit dem jungen Mädchen gut feiern und Spaß haben kann. Aber auch die vielen Freunde der Freunde haben einen Zugriff auf solche Bilder und hier kann sich das junge Mädchen auch schnell der Lächerlichkeit preisgeben. Für einen möglichen zukünftigen Arbeitgeber, der leicht an solche Bilder kommen kann, signalisiert dasselbe Bild womöglich, dass die von ihm ins Auge gefasste Stellenbewerberin sich hier gänzlich anders darstellt als etwa bei einem vorangegangenen Bewerbungsgespräch, und das kann ihn zweifeln lassen, ob sie wirklich für den Job geeignet ist.

Man kann es drehen und wenden, wie man will: Wer in der realen oder in der virtuellen Welt neue Freunde gewinnen will, wird auch immer etwas von sich selbst preisgeben müssen, sei es die Handynummer, die Adresse, die bevorzugte Sportart, die man gerne betreibt, Wünsche, die man sich gerne erfüllen möchte, oder auch nur Informationen und Erlebnisse im letzten Urlaub – scheinbar sehr harmlose Daten, die schlimmstenfalls auch missbraucht werden können, vor allem aber höchst wertvoll sind für die Werbeindustrie und zukünftige Arbeitgeber. In der realen Welt werden die Freundinnen und Freunde in der Nachbarschaft solche Informationen erfahren, im Internet kann potenziell fast jeder an solche Selbstauskünfte kommen, wenn keine Nutzungsbeschränkung vorhanden ist.

Das zentrale Problem ist keineswegs, dass Kinder und Jugendliche nicht genügend über solche Gefahren informiert sind. 92 Prozent der Jugendlichen kennen Möglichkeiten der Zugriffskontrolle, aber nur 40 Prozent schränken den Zugriff auf ihre Daten auch tatsächlich ein.

So erfreulich für die Jugendlichen die Möglichkeit ist, sich mit vielen virtuellen Freunden auszutauschen, so bestehen die Risiken für Heranwachsende in der Pubertät vor allem darin, dass sie sich – wie bereits oben erwähnt – gerne präsentieren, sich wie auf einer Bühne fühlen und in der Vorstellung leben, dass alle Welt an ihren Problemen, ihrem Outfit, ihrem Lebensstil interessiert ist, also in besonderer Weise geneigt sind, vieles preiszugeben. Aber auch das für diese Altersgruppe so typische Leben im »Hier und Jetzt« spielt eine wesentliche Rolle. Was in ein paar Jahren, in einem gänzlich neuen Lebensbereich zum Problem werden könnte, ist für Jugendliche kaum bedeutsam.

Welches junge Mädchen möchte nicht Beachtung finden und berühmt werden?

Je mehr sensationelle Texte, Bilder, Videos gestaltet sind, je mehr sie den gängigen Rollenklischees entsprechen, also Mädchen hübsch und hüllenlos, Jungen cool und aggressiv, desto mehr »Freunde« werden eine solche Präsentation beachten, das junge Mädchen wird »berühmt«.

Eine vorsichtige Darstellung, die auch nur den engsten Freunden zugänglich, also datengeschützt ist, hätte nicht eine so angenehme Wirkung für Jugendliche.

Hier treffen sich nun die Interessen der Jugendlichen mit denen der Anbieter solcher Plattformen. Letztere profitieren von möglichst vielen genauen Auskünften, ein Kapital von unschätzbarem Wert, vor allem für die Werbewirtschaft. Den Betreibern von Facebook und Co. geht es also eher darum, die Jugendlichen zu animieren, möglichst viel von sich selbst, von Vorlieben, Gewohnheiten und Ähnlichem preiszugeben.

Ein geschicktes Mittel, interessante Informationen bei den Jugendlichen herauszulocken, ist zum Beispiel der »Like-Button«, der immer dann vom Nutzer angeklickt werden kann, wenn ein Beitrag ihm gefallen hat. Der Jugendliche erhält auf diese Weise ständig eine Rückmeldung darüber, wie seine Selbstdarstellung bei seinen Freunden angekommen ist. Die jungen Leute können dann die Zahlen mit anderen vergleichen und geradezu in einen Wettbewerb miteinander treten. Kein Wunder also, wenn sie mit möglichst vielen »Storys« aus ihrem eigenen Leben, mit aufregenden Bildern immer mehr von sich preisgeben, um Beachtung und damit Achtung zu finden.

Verbieten sollte man – allen Gefahren zum Trotz – unseren oft allein gelassenen Kindern und Jugendlichen nicht die Möglichkeiten, mit neuen Freunden in der Onlinecommunity Kontakt aufzunehmen, lernen sie doch so ganz nebenbei auch etwas sehr Wichtiges, was ihnen im Leben vielleicht mehr nützen wird als ein paar Vokabeln. Der Autor Jakob Steinschaden ist davon überzeugt, dass ausgezeichnete Kenntnisse zum Beispiel bei der Facebook-Nutzung vor allem in den Bereichen PR, Marketing und Kundenbetreuung immer wichtiger werden, denn, so Steinschaden: »Wo Kunden und Konsumenten sind, wollen auch Firmen und Marken sein.«

Wichtig ist es, Jugendliche vor einem allzu leichtfertigen Umgang mit persönlichen Daten zu bewahren.

TIPPS

- Oft genügt es schon, wenn unser Nachwuchs erfährt, dass seine Lehrerinnen und Lehrer oder auch die Eltern ebenfalls Zugriff auf seine Darstellungen im Internet haben. Das alleine hat schon viele veranlasst, ihre Daten zu schützen.
- Eltern sollten jedoch auch mit ihren Jugendlichen über solche Gefahren sprechen und am besten selbst, gemeinsam mit dem Kind, eine entsprechende Datensicherung vornehmen.
- Die Zeit beim Surfen im Internet läuft einem schnell davon. Es spricht vieles dafür, diese Zeit zu limitieren. Nicht nur, weil sonst das schulische Lernen zu kurz kommt, sondern damit auch das Familienleben noch eine Chance hat.

Die Pubertät ist eine Zeit, in der die bereits vorhandenen Minderwertigkeitskomplexe bei den Mädchen weiter wachsen

Wir haben bereits in Kapitel 3 gesehen, dass die Mädchen vor allem deswegen in der Schule ihr geistiges Potenzial nicht voll ausschöpfen, weil sie sich weniger zutrauen als die Jungen. Und wir wissen auch, dass die Tatsache, dass die Mädchen deutlich bessere Ergebnisse in der Schule erreichen, bislang nicht zu einer grundsätzlichen Änderung in der Selbsteinschätzung der Mädchen geführt hat.

Nun könnte man ja erwarten, dass in der Pubertät, in einer Zeit also, in der aus Kindern hübsche junge Damen werden, die auch die Bewunderung der jungen Herren auf sich ziehen, zumindest das allgemeine Selbstwertgefühl der Mädchen steigt. Das scheint allerdings eher nicht der Fall zu sein.

Mit dem Beginn der ersten Monatsblutung wird vielen Mädchen schmerzhaft klar, dass sie bei ihrer Geburt als Mädchen ganz offensichtlich das schlechtere Los gezogen haben. Sie erleben Einschränkungen der unterschiedlichsten Art bei der monatlichen Regel und die

Aussicht auf noch gravierendere Einschränkungen durch Schwangerschaft und Geburt eines Kindes werden jetzt deutlich. Im Gegensatz zu den Burschen werden Mädchen häufiger zur Mithilfe im Haushalt verpflichtet. Viele Mädchen geben sich in dieser Phase betont männlich, sie kleiden sich wie die Burschen, wollen keinesfalls »girlyhaft« wirken und versuchen, sich den Jungengruppen anzuschließen – nicht aus sexuellen Gründen, sondern eher, um zu verleugnen, dass sie dem benachteiligten Geschlecht angehören. Beim Thema »Fortgehen« am Abend, mit Freundinnen zusammen Spaß haben, aber auch schon mit den Jungen Kontakt aufnehmen, erfahren viele Mädchen noch einmal schmerzhaft, dass man dem weiblichen Geschlecht noch immer nicht das Gleiche zutraut wie den Jungen.

Die Ungleichbehandlung beim Thema »Fortgehen«

Die schon in der Kindheit vorhandenen Tendenzen vieler Eltern, den Jungen mehr Freiheiten einzuräumen als den Mädchen – Jungen dürfen sehr viel früher eigenständig die nähere Umgebung erkunden –, setzen sich noch deutlicher in der Pubertät fort. Beim für alle Jugendlichen besonders wichtigen Thema »Fortgehen am Abend«, also sich mit Gleichaltrigen treffen, sich beschnuppern, necken, »ratschen« oder ganz einfach Spaß haben, neigen Eltern mehrheitlich dazu, den Buben größere Freiträume zuzugestehen als den Mädchen. Buben dürfen länger ausbleiben, auch mal über Nacht wegbleiben; für Mädchen gelten restriktivere Regeln. Sie müssen sich eher an genaue Zeiten halten und auch dann die fröhliche Runde verlassen, wenn es gerade am lustigsten ist.

Diese Ungleichbehandlung von Mädchen und Burschen beim Thema »Fortgehen« ist, wenn es nicht um objektive Gefahren etwa auf dem Heimweg geht, wohl kaum zu rechtfertigen. Männliche Jugendliche neigen fünfmal so häufig wie gleichaltrige Mädchen zum exzessiven Alkoholkonsum, nehmen tendenziell häufiger harte Drogen zu sich und begehen häufiger Straftaten als die Mädchen. Circa 80 Prozent aller Straftaten in diesem Alter werden von Buben begangen.

Eltern hätten also allen Grund, sich mehr Sorgen zu machen, wenn ein Junge abends nicht rechtzeitig heimkommt, als bei einem Mädchen.

Was auch immer viele Eltern dazu veranlasst, dem Sohn größere Freiräume zuzugestehen als der Tochter, die indirekte Botschaft an die Tochter lautet: »Deinem Bruder trauen wir zu, dass er sich verantwortungsbewusst verhalten wird, dir trauen wir das nicht zu, dich müssen wir daher mehr beschützen.« Die meisten Spannungen mit den Eltern entstehen vor allem wegen der Ungleichheit in der Behandlung von Jungen und Mädchen.

Eines steht wohl fest, die Risiken bei den Mädchen werden nicht durch das »Fortgehen« an den Wochenenden ausgelöst, eher auch dadurch, dass sie sich minderwertig fühlen, weil ihnen ihre Eltern noch immer nicht das Gleiche zutrauen wie ihren Brüdern.

TIPPS

- Viele Mädchen sitzen in der Zeit der Menstruation mit schmerzverzerrtem Gesicht in der Turnhalle auf der Zuschauerbank, statt sich körperlich zu betätigen. Hier wirkt offensichtlich noch immer dieser Mythos, dass es für »Frau« nicht schicklich, zumindest nicht gesund sei, zur Zeit der Regelblutung Sport zu treiben. Fest steht inzwischen, dass sportliches Engagement in dieser Zeit nicht nur unschädlich ist, sondern sogar die als unangenehm erlebten Begleitumstände in dieser Zeitspanne mildern kann. Mädchen sollten also eher ermuntert werden, am Sportunterricht teilzunehmen. Sie werden sich wohlerfühlen und Probleme mit der Figur werden sich auch in Grenzen halten.
- Mädchen und Buben sehen in diesem Alter durchaus ein, dass gesetzliche Bestimmungen einzuhalten sind. Ob es einem gefällt oder nicht, ob man zum Beispiel Verkehrsregeln für sinnvoll hält oder nicht, jeder muss sich gleichwohl daran halten. Besorgen Sie sich also die Jugendschutzbestimmungen, die in Ihrem Wohnbereich gelten, und achten Sie auf die zumeist dort angegebenen Zeiten, in denen Jugendliche ohne Aufsicht durch ihre Eltern ausbleiben dürfen. Mädchen und Buben sehen dann leichter ein, dass man sich rechtzeitig auf den Heimweg machen muss, um in keinen Konflikt mit der Polizei zu geraten.

- Über objektive Gefahren auf dem Heimweg muss natürlich gesprochen werden, und man kann die Jugendlichen bitten, selber Möglichkeiten vorzuschlagen, wie man solchen Gefahren aus dem Weg gehen kann. Wenn sie selber eine Lösung vorschlagen, halten sie sich auch leichter daran. Ein »Es wird schon nichts passieren« ist jedenfalls nicht zu tolerieren, wenn zum Beispiel die Tochter bei Dunkelheit durch einen einsamen Park nach Hause gehen will.

Geistig reifen, aber körperlich spät entwickelten Mädchen traut man noch viel weniger zu

Eines steht fest: Unsere Kinder werden heute viel früher zu jungen Damen oder zu jungen Herren als noch vor circa 200 Jahren. Zeigten sich damals die Zeichen der geschlechtlichen Reife so etwa zwischen dem 16. und 17. Lebensjahr, so sind die Mädchen heute schon mit ungefähr zwölf Jahren so weit. Aber sie bleiben das, was der Volksmund so trefflich als »Kindsköpfe« bezeichnet - ihre geistige Entwicklung kann nicht Schritt halten mit der körperlichen Erscheinung.

Der typische Wachstumsschub und parallel dazu die Entwicklung zur Geschlechtsreife finden zu recht unterschiedlichen Zeitpunkten statt. Im Durchschnitt beginnt dieser Entwicklungsschritt zwar so zwischen dem zwölften und 13. Lebensjahr, aber viele Mädchen sind bedeutend früher und andere erheblich später so weit. Nun ist es leider nicht so, dass die geistige, die soziale und emotionale Entwicklung parallel zur körperlichen Entwicklung verläuft. Ganz im Gegenteil, es kann durchaus auch so sein, dass ein noch recht kindlich wirkendes kleines Mädchen in seiner geistigen Entwicklung schon wesentlich weiter und reifer ist als ein recht damenhaft wirkendes Mädchen, oder umgekehrt kann ein Mädchen rein äußerlich so wirken wie eine junge Dame, innerlich aber noch ein unreifes Kind sein.

Die Erwachsenen – fremde Menschen, Eltern, Lehrerinnen und Lehrer – orientieren sich im Allgemeinen am äußeren Erscheinungsbild der jungen Menschen. So werden Fremde das früh entwickelte Mädchen schon mit »Sie« und »Junges Fräulein« anreden, während ein kleines, zierliches, kindlich wirkendes Mädchen im gleichen Alter eher seinen Ausweis vorweisen muss, wenn es einen Film, der erst ab 14 freigegeben ist, anschauen will. Aber auch die Eltern, die Lehrerinnen und Lehrer erwarten vom »großen« Mädchen automatisch mehr an Vernunft, an Einsichtsfähigkeit, sie trauen ihm schon mehr zu als der »Kleinen« und übertragen ihnen mehr Verantwortung. Dieser unter Umständen erheblich zu früh zugestandene Erwachsenenstatus, der sich nur durch die körperliche Entwicklung manifestiert, hat gewisse Vorteile: Die Mädchen werden schon früh von den jungen Burschen bewundert, sind sehr begehrt, sogar die engsten Freundinnen bezeugen ihnen jetzt mehr Respekt. Sie wirken deutlich selbstbewusster und ausgeglichener, trauen ihnen doch die Eltern ebenso wie die Lehrerinnen und Lehrer jetzt endlich mehr zu. Dieses deutlich höhere Selbstbewusstsein bei den Frühreifen wirkt sich günstig auf das schulische Engagement und die Persönlichkeitsentwicklung noch bis in das Erwachsenenalter aus.

Ein Risiko ist allerdings auch damit verbunden: Früh entwickelte Mädchen laufen Gefahr, von den jungen Burschen schon vergleichsweise früh an Alkohol, Zigaretten oder Drogen herangeführt zu werden.

Ganz anders schaut es für körperlich spät entwickelte Mädchen aus. *»Man braucht sie ja nur anzuschauen, sie ist doch wirklich noch ein Kind«*, meinte etwas abschätzig die Mutter, die ihrer Tochter nicht erlauben wollte, am Abend mit ihren Freundinnen fortzugehen. Dabei nützte es der »Kleinen« gar nichts, dass sie sich schon lange sehr verantwortungsbewusst und umsichtig verhielt; das äußere Erscheinungsbild sprach dagegen und danach richtet sich das Urteil der meisten Erwachsenen. Trost bei ihren Freundinnen wird so ein noch absolut kindlich wirkendes Mädchen auch kaum finden, im Gegenteil, auch hier wird sie »nicht ganz für voll genommen«. Während die bereits voll entwickelten Mädchen schon über ihre ersten Erfahrungen mit den jungen Burschen tuscheln, kichern und lachen, bleibt so ein Spätentwickler ausgeschlossen. *»Die hat ja noch keine Ahnung, die ist ja noch ein Kind«*, werden sie sagen. Auch die Lehrerinnen und Lehrer behandeln die angehende junge Dame eher mit größerem Respekt als »so ein Kind«.

Das Unglück eines geistig, emotional und sozial weit entwickelten Mädchens, dessen Wachstumsschub und dessen Geschlechtsreife ein oder zwei Jahre später erfolgen als etwa bei den meisten Klassenkameradinnen, kann sich jeder vorstellen. Es wird sich ungerecht behandelt fühlen, darunter leiden, dass man ihm nichts zutraut, dass es von den Burschen nicht beachtet, von den Freundinnen nicht für voll genommen wird, dass selbst die Eltern noch so tun, als sei es ein Kind. Das rüttelt nicht nur am Selbstbewusstsein, das mindert auch die Lebensfreude.

Es sind in aller Regel nicht die körperlichen Veränderungen in der Pubertät, die sich psychisch auf das Befinden unserer Kinder auswirken – alle Untersuchungen zeigen, dass es keinen Zusammenhang zwischen körperlichen Veränderungen und dem psychischen Befinden der Heranwachsenden gibt –, es sind vielmehr die automatischen, unbedachten Reaktionen von Mitschülern, Eltern, Lehrerinnen und Lehrern, die sich ungünstig auf das psychische Befinden und damit letztlich auch auf die Leistungsbereitschaft der Spätentwickler auswirken.

Eltern können etwas dagegen tun, damit die Tochter nicht ihr Zutrauen in die eigene Leistungsfähigkeit verliert:

- Die Tochter sollte darüber aufgeklärt werden, dass diese rein körperliche Verzögerung keinerlei Auswirkungen auf das zukünftige Leben haben wird, dass sie am Ende genauso groß oder klein sein wird wie die anderen Mädchen auch.
- Eltern können erklären, dass es viel mehr darauf ankommt, ob sich Heranwachsende noch eher wie Kinder oder schon eher verantwortungsbewusst benehmen.
- Man kann der Tochter zeigen, in welchen Bereichen sie schon weiter ist als ihre hochgeschossenen Klassenkameraden. Dass sie vielleicht nicht mehr so leicht wie früher ausrastet, wenn man mit ihr diskutiert, dass sie schon gelernt hat, zuzuhören, sich an getroffene Vereinbarungen zu halten, dass man ihr jetzt mehr zutrauen kann usw.
- Einschränkungen beim Fortgehen sollte es nur bei wirklich nachvollziehbaren Gründen geben und das sollte auch mit der Tochter ausdiskutiert werden.
- Kontrollieren Sie sich selbst, inwieweit sich das äußere kindliche Erscheinungsbild Ihrer Tochter auf Ihre Einschätzung bei der Beurteilung ihrer geistigen Reife auswirkt.

- Vor allem: Stärken Sie, wo immer möglich, das Selbstbewusstsein Ihrer Tochter, in erster Linie dadurch, dass Sie ihr viel zutrauen. Die indirekte Botschaft für unser spät entwickeltes Kind lautet: »Wir trauen dir zu, dass du dich angemessen verhalten wirst, dass du uns nicht enttäuschen, dass du es schaffen wirst.« So etwas ist wie Balsam auf die wunde Seele eines Spätentwicklers.

Risiken für die Mädchen in der Pubertät

Im Gegensatz zu den Burschen, die mehr dazu neigen durch riskante Mutproben ihr Leben aufs Spiel zu setzen, kann es bei den Mädchen eher zu einem riskanten Umgang mit dem eigenen Körper kommen.

Dass Mädchen wie Burschen in der Pubertät vor allem besorgt in den Spiegel schauen, liegt auch auf der Hand: In der Zeit des schnellen Wachstums kommt es zu vielen vorübergehenden Disharmonien, mal erscheint die Nase im Verhältnis zum Gesicht zu lang oder die Hände und Füße im Verhältnis zum Körper zu groß. Und wer kennt sie nicht, pubertierende Mädchen und Burschen, die morgens das Badezimmer blockieren, weil sie verzweifelt versuchen, jene hässlichen, roten, kleinen Pickelchen auf blasser, unrein erscheinender Haut auszudrücken oder ihnen mit allen möglichen Cremes oder Wässerchen den Garaus zu bereiten. Die meisten Eltern werden solche Irritationen bei ihren heranwachsenden Kindern mit einem Schmunzeln betrachten, erinnert man sich doch zumeist selbst noch an diese Zeit der Not, in der man glaubte, dass alle Welt nur noch diese Unvollkommenheiten sieht, dass jeder auf der Straße oder in der Schule mit Häme das zu klein erscheinende Kinn und vor allem diese roten Verunzierungen mit Missfallen betrachtet.

Fragt man also Mädchen und Burschen in diesem Alter danach, was ihnen besondere Sorgen bereitet, dann nennen fast 50 Prozent als Erstes ihr eigenes Erscheinungsbild. Das alles ist uns bestens bekannt und gehört zu den normalen Erscheinungen in der Pubertät. Bei unseren heranwachsenden jungen Damen kommt allerdings noch eine Besonderheit hinzu: Zur Freude der jungen Herren, zum Kummer vieler Mädchen bilden sich die typischen, weiblichen Rundungen heraus und damit ist natürlich auch eine nicht unerhebliche Gewichtszunahme verbunden. Man schätzt, dass die Mädchen im Verlauf der Pubertät circa 11 Kilogramm Fett zulegen. Viele Mädchen geraten angesichts einer solchen – durchaus natürlichen – Gewichtszunahme in Panik und reagieren mit selbstquälerischen Abmagerungskuren. Unter bestimmten ungünstigen Umständen kann es dann zu krankhaften Erscheinungen, zum Beispiel zu einer Magersucht, kommen.

Magersucht – ein typisches Risiko bei den Mädchen in der Pubertät

Wesentlich mehr Mädchen als Burschen äußern sich kritisch über ihre Figur, und obgleich sie ein absolut durchschnittliches Gewicht haben, wollen sie unbedingt abnehmen. Das kann in Ausnahmefällen dann so weit gehen, dass Mädchen in eine Magersucht hineinschlittern, die in einem Bereich von 15 bis 20 Prozent auch tödlich enden kann. Diese krankhafte Entwicklung zeigt sich in 96 Prozent aller Fälle bei den Mädchen im Alter zwischen zwölf und 18 Jahren.

Elke, die bildhübsche Tochter eines Chirurgen in Norddeutschland, war mit allen günstigen Voraussetzungen gesegnet, um ein zufriedenes und glückliches Leben führen zu können. Mit ihren zwölf Jahren war sie in ihrer Klasse eine der besten Schülerinnen und sie war äußerst beliebt bei ihren Freundinnen und Lehrerinnen.
Der Vater war nicht nur bei seinen Kollegen als extrem autoritär bekannt, auch im häuslichen Bereich regelte er alles bis ins Kleinste zum Wohle von Frau und Kind, und ein Abweichen von seinen Vorstellungen schien Mutter und Tochter undenkbar. Elke bekam immer wieder mit, dass sich ihr Vater sehr über seine unbeherrschten Patienten beklagte, die nicht die nötige Disziplin aufbrachten, ihr Gewicht in Schranken zu halten, und die ihm in seinem Beruf die größten Schwierigkeiten bereiteten.
Bei einem Sommerfest meinte eine ihrer Freundinnen scherzhaft: »Na, ich glaube, du hast ein paar Kilo zu viel auf deinen Hüften angesammelt.« Ein Schock für Elke: Sollte sie auch zu den vom Vater so verachteten Menschen gehören, die es nicht einmal schaffen, ihr Gewicht in Grenzen

zu halten? Nein, ihr Entschluss stand fest, sie wird zeigen, dass sie sich selbst unter Kontrolle hat, sie wird stark bleiben, auch wenn sie noch so hungrig ist nichts essen, sie wird keine »Fettel« werden. Und sie war stark, die Kilos purzelten Woche für Woche und sie war mächtig stolz auf jedes verlorene Kilo. Die Eltern wollten es lange Zeit nicht wahrhaben, als sich die ersten Zeichen einer Sucht abzeichneten: die absolut nicht zutreffende Überzeugung, dass sie nach wie vor viel zu dick sei, und der starke Drang, mit allen Mitteln abnehmen zu wollen.
Als die Eltern endlich aufmerksam wurden und endlich therapeutische Maßnahmen eingeleitet wurden, war alles schon zu spät, das Mädchen starb an dieser Sucht, immer dünner und dünner werden zu wollen.

Welche Umstände begünstigen eine Magersucht?

Schönheitsideale, wohin man schaut

Die Magersucht nimmt in den westlichen Industrieländern Jahr für Jahr deutlich zu, und das hat zweifelsohne etwas damit zu tun, dass wir der körperlichen Attraktivität eine hohe Bedeutung zumessen. Menschen, die den Schönheitsidealen der heutigen Zeit entsprechen, haben es beruflich leichter und gelten im Allgemeinen auch als sympathischer. Wie Mann, Frau aussehen sollte, ist leicht zu ermitteln, man werfe nur einen Blick in die zahlreichen Modemagazine oder betrachte die knochendürren Models auf den Laufstegen und vieles mehr. Ebenso lässt sich die Frage, wie man zu einer allseits bewunderten Schönheit kommt, leicht beantworten: Man muss nur die Heil versprechenden Angebote, wie zum Beispiel »Drei Kilo Gewichtsverlust in vierzehn Tagen, garantiert« oder »Deutliche Faltenreduktion nach vier Wochen«, ernst nehmen oder sich, wenn alles nichts nützt, den Künsten eines Schönheitschirurgen anvertrauen. Hier unterscheiden sich unsere pubertierenden Mädchen kaum von den Erwachsenen.

Die gleichaltrigen Mädchen dulden keine allzu starken Abweichungen
Die noch etwas unsicheren Mädchen fühlen sich in möglichst gleichgesinnten Mädchengruppen am wohlsten, das noch unsichere Ich ist in dieser Phase am besten durch Konformität geschützt. Ein vielleicht selbstbewusstes Mädchen, das auf den Schlankheitswahn in seiner Klasse pfeift, kann heftigen Anfeindungen ausgesetzt sein und wird nicht selten zum Opfer von Mobbing-Attacken.

Verunsicherte Mädchen, die sich die Bewältigung zukünftiger Lebensaufgaben nicht zutrauen
Letztlich können heranwachsende Mädchen allein schon durch ungeschickte Äußerungen von Peers, Lehrerinnen oder Lehrern und natürlich auch von den eigenen Eltern so verunsichert sein, dass in dem Wunsch, immer dünner und dünner zu werden, auch eine Möglichkeit des Mädchens gesehen werden kann, wenigstens hier zeigen zu können, dass es auch etwas kann, dass es stark ist, sich beherrschen kann.

Wie können Eltern ihre Tochter in der Pubertät am besten unterstützen?

Man kann sich als Mutter oder Vater nach einem Streitgespräch mit der Tochter in der Pubertät auch ganz schön ärgern: Hat man nicht sein Bestes gegeben, um das Mädchen zu schützen, zu fördern, und dann kommen plötzlich so harte, verletzende Worte der Kritik, wo bleibt da die Dankbarkeit, ganz zu schweigen von einem gewissen Respekt gegenüber den Eltern. Man ist jetzt vielleicht auch schnell geneigt, nach einer *einfachen* Lösung zu suchen, schon um sich weitere belastende Situationen zu ersparen.

Also vielleicht sich *ganz tolerant* zu geben, alles zu akzeptieren, was die Tochter will, alle bislang gültigen Regeln des familiären Zusammenlebens über Bord zu werfen, nach dem Motto: »Unsere Tochter ist alt genug, die soll selbst entscheiden, selber schauen, wie sie zurechtkommt, sie wird schon sehen, was sie davon hat.«

Oder andersherum könnte man jetzt erst recht die *Schrauben anzie-*

hen, den Sonderwünschen von Fräulein Tochter energisch entgegentreten, sie bestrafen, wenn sie nicht folgt, etwa einen Hausarrest verhängen, wenn das Zimmer nicht aufgeräumt ist oder die Hausaufgaben vernachlässigt werden. Hier lautet das Motto: »Solange du deine Füße unter meinen Tisch stellst, hast du dich nach uns zu richten, verstanden?«

Beide Lösungen würden die Eltern zugegebenermaßen sehr entlasten, besonders diese Laissez-faire-Haltung würde die Eltern der Mühe entheben, sich mit der Tochter auseinanderzusetzen, ohne dass das Verhältnis zu ihr nachhaltig getrübt würde. Allerdings vermitteln beide Reaktionen auf die Ablösungstendenzen der Tochter die verhängnisvolle Botschaft: »*Du bist uns eigentlich ziemlich egal, du bist es gar nicht wert, dass wir uns wirklich mit dir beschäftigen.*« Bei der Tochter würde die Botschaft in etwa so ankommen: »*Selbst meine Eltern haben kaum Interesse an mir, weil ich nichts Besonderes bin, nicht besonders hübsch, gescheit, weder musisch noch sportlich besonders befähigt, nicht liebenswürdig, nicht einmal würdig, beachtet zu werden.*« Das ohnehin schwache Selbstwertgefühl der Mädchen würde noch einmal einen Dämpfer erhalten, sie fühlen sich schlecht, niedergeschlagen, und vor allem neigen sie dazu, eigene Stärken erst gar nicht zu sehen, weil ihr Blick vor allem auf vermeintliche Schwächen gerichtet ist. Eltern würden also in Kauf nehmen, dass sich ihre Kinder unglücklicher fühlen, sich ihres Lebens nicht so recht erfreuen können, vor allem aber würden sich die Mädchen in der Schule immer weniger zutrauen und mit ihren schulischen Leistungen weit unter ihren Möglichkeiten bleiben (vergleiche dazu Kap. 3).

Der Königsweg in der Pubertät ist mühsam, aber sehr Erfolg versprechend

Eltern, denen es von der Säuglingszeit an gelungen ist, eine stabile Bindung zu ihren Kindern aufzubauen (vergleiche dazu Kap. 1) und aufrechtzuerhalten, fällt auch die »Entbindung« von ihren Kindern leichter. Es sind dies Eltern, die feinfühlig die Bedürfnisse und die emotionale Situation ihrer Kinder erfassen und die ihren Kindern vor allem vermitteln: »Was auch immer passiert, wir stehen hinter dir« – Eltern, die also ein Klima der Sicherheit schaffen. In einem solchen Klima des Vertrauens können Heranwachsende es überhaupt erst wagen, gegen die Eltern zu opponieren, ohne dass sie sich fürchten müssen, dass sie den Schutz ihrer Eltern verlieren. Man kann also davon ausgehen: Je erfreulicher das Klima in der Familie ist, umso heftiger fliegen die Fetzen.

Sehr hilfreich ist jetzt, dass feinfühlige Eltern ein Sensorium dafür entwickelt haben, was sie ihren Kindern schon zutrauen können. Es fällt ihnen also leichter, Regeln in dem Maße zurückzunehmen, wie ihre Kinder sich schon verantwortungsbewusst zeigen. Die Auseinandersetzungen mit ihren Kindern bleiben allerdings auch den besten Eltern aller Zeiten nicht erspart, auch mal harsche, verletzende Worte nicht, aber in einem Klima der grundsätzlichen wechselseitigen Achtung kann auch über unangemessene Worte des Zorns gesprochen werden. Die Eltern werden also immer auch auf einen Teil der häuslichen Regeln bestehen müssen, aber sie werden ihren Kindern zuhören, auf ihre Argumente eingehen und ihren Standpunkt erläutern.

Den Eltern wird dabei eine harte Arbeit abverlangt, müssen sie sich doch immer wieder nach einem anstrengenden Arbeitstag auf belastende Diskussionen einlassen, immer wieder ihren Standpunkt begründen und sich auch damit abfinden, dass ihre Sichtweise brüsk zurückgewiesen wird. Die Heranwachsenden hingegen lernen bei solchen Auseinandersetzungen eine ganze Menge.

Forschungsergebnisse belegen, dass Kinder unter diesen Bedingungen ein gesundes Selbstvertrauen entwickeln, dass sie lernen, soziale Situationen besser zu durchschauen, sich in Verhandlungen geschickt durchzusetzen, aber auch ihre Fähigkeiten zum logischen Denken zu steigern. Sie sind reifer als Kinder, deren Eltern sich solchen Diskussionen entziehen, leistungsorientierter und deutlich weniger vom Notentief in der Pubertät betroffen.

Eines scheint jedoch noch wichtiger zu sein: Eltern, die diesen Auseinandersetzungen aus dem Weg gehen, entweder indem sie alles erlauben, also die »Zügel schleifen lassen«, oder die mehr oder weniger alles verbieten, nehmen in Kauf, dass sich jetzt die Jugendlichen ausschließlich an den Gleichaltrigen orientieren. Das kann gut gehen oder auch nicht – Letzteres vor allem, wenn die jungen Leute in schlechte

Kreise geraten. Die Eltern können dann nicht nur jeden Einfluss auf ihr Kind verlieren, sondern auch seine Zuneigung.

Junge Leute, die sich zu Hause wohlfühlen, weil ihre Meinung zählt, ernst genommen und auch manchmal akzeptiert wird, mögen sich bei aktuellen Problemen, wie etwa bei Fragen des »Outfits«, wie man sich günstiger schminkt, kleidet, wie man besser bei den Burschen ankommt und Ähnliches, lieber mit ihren Freundinnen beraten. Bei Entscheidungen mit langfristiger Wirkung, also Fragen der Berufswahl, oder bei Fragen, welches Verhalten grundsätzlich als wertvoll oder verwerflich angesehen wird, sogar bei Fragen der politischen Orientierung bleibt jedoch der Einfluss der Eltern dominierend.

So stärken Sie den Willen Ihrer Tochter zum Erfolg

Spätestens dann, wenn die Zeit der Schwärmerei vorbei ist, wird auch die Tochter wieder an der Frage interessiert sein, wie sie nach der Beendigung ihrer Ausbildung ihr Brot verdienen will. Hier sollte man sich sehr viel Zeit nehmen, jedenfalls so lange, bis ein »Herzenswunsch« der Tochter, der auch Chancen hat, realisiert zu werden, auf dem Tisch liegt. Nehmen wir also zum Beispiel an, das Mädchen möchte unbedingt Krankenschwester werden. Jetzt wäre es sehr günstig, wenn das Mädchen die Gelegenheit hätte, die Wirklichkeit des angestrebten Pflegeberufs selbst einmal zu erleben, also zum Beispiel bei einem Praktikum in einem Altersheim. Bleibt danach der Wunsch des Mädchens aufrecht, dann kann man darauf setzen, dass sie jetzt ihr Ziel auch wirklich erreichen will.

Jetzt geht es vor allem darum, den Weg zum Ziel Krankenschwester in möglichst kleine »Etappenziele« zu zerlegen, die zuvor erreicht werden müssen. Also nicht sogleich: »Erst muss du mal einen ordentlichen Schulabschluss hinlegen und dann die Krankenschwesterschule besuchen«, sondern wir müssen nach einem näher liegenden Ziel auf diesem Weg suchen, und das Ziel sollte auch gut erreichbar sein, damit das Mädchen nicht so leicht den Mut verliert oder gar scheitert. Also vielleicht so:

»In Französisch hast du noch viel nachzulernen, um einen positiven Jahresabschluss zu schaffen. Wie glaubst du, kannst du es schaffen, dass die nächste Schularbeit positiv beurteilt wird?« Jetzt geht es darum, gemeinsam mit der jungen Dame geeignete Schritte zum Ziel »Positive Schularbeit« zu überlegen. Das braucht einige Zeit, also eher nicht so nebenbei am Frühstückstisch. Die Aufgabe der Erwachsenen ist es dabei, darauf zu achten, dass das »Teilziel« nicht zu hoch angesetzt ist (also etwa: »Ich werde täglich zwei Stunden lernen«) und dass es sehr genau beschreibt, was wann zu tun ist. Zum Beispiel: »Ich werde in Französisch gut aufpassen und mich bemühen, in jeder Stunde einen positiven Unterrichtsbeitrag zu leisten. Zu Hause werde ich gleich nach dem Mittagessen täglich zusätzlich zu den Hausaufgaben eine halbe Stunde Vokabeln lernen und eine Grammatikübung nachholen.«

Bitte vergessen Sie nicht, die Tochter immer wieder zu loben, weil sie das, was sie sich vorgenommen hat, auch tatsächlich realisiert. Wenn der Zeitpunkt und die Beschreibung, was zu tun ist, genau bestimmt sind, ist die Chance groß, dass die Tochter auch das realisiert, was sie sich vorgenommen hat, weil sie einen geringeren Widerstand zu überwinden hat.

Selbst wenn die Tochter trotzdem das Ziel einer positiven Schularbeit nicht erreicht hat, wird sie jetzt eher nicht mehr in einem Meer von Hoffnungslosigkeit versinken, sondern eher lösungsorientiert reagieren, also vielleicht so: »Ich glaube, die Vokabeln kann ich jetzt schon ganz gut, da habe ich kaum Fehler gemacht, da brauche ich nur mehr eine Viertelstunde zum Wiederholen, aber mit der Grammatik habe ich noch Probleme, da werde ich jetzt täglich drei Grammatik-Übungen wiederholen.« Wenn die Tochter nach einem Misserfolg eher mutlos erscheint, können Sie leicht lösungsorientierte Gedanken anregen: »Was glaubst du, warum hat es nicht geklappt?«

Kurz zusammengefasst sehen die Schritte zum Erfolg so aus:

Schritte auf dem Weg zum Erfolg

1. Berufsziel der Tochter ermitteln (z. B. Krankenschwester).
2. Prüfen, ob das Ziel realisierbar ist (z. B. reicht der angestrebte Schulabschluss aus, ist das Mädchen körperlich geeignet).
3. Die Tochter mit der beruflichen Wirklichkeit konfrontieren (z. B. Praktikum im Pflegeheim).

4. Etappenziele definieren (z. B. positiver Jahresabschluss).
5. Teilziele aushandeln (wo sind Lücken, was *genau* ist *täglich wann* zu tun?).
6. Nicht vergessen: Die Tochter immer wieder für das Erreichen der Teilziele loben.

Kapitel 7

Riskanter Männlichkeitswahn in der Pubertät

Stehen Ihnen auch manchmal die Haare zu Berge, wenn Sie an die Eskapaden Ihres Stammhalters denken?

Die schwierige Balance zwischen Überbehütung und Vernachlässigung

Die Pubertät ist bei den Jungen eine Zeit, in der sich die jungen Herren nichts, aber auch schon gar nichts mehr von ihren Eltern sagen lassen wollen, diese aber noch die volle Verantwortung für den Nachwuchs tragen.

Das wird spätestens dann deutlich, wenn nachts die Eltern aus dem Schlaf geklingelt werden und der angetrunkene Sohn den Eltern von zwei Polizisten retourniert wird, weil er zum Beispiel bei einer Verkehrskontrolle in Papas Auto und ohne Führerschein aufgegriffen wurde. Eltern sehen sich dann mit dem Vorwurf einer »Vernachlässigung ihrer Aufsichtspflicht« konfrontiert, wobei eine »Aufsicht« und »pubertierende Jungen« schon so etwas wie ein Widerspruch in sich selbst zu sein scheint.

Der kurzzeitig etwas kleinlautere Nachwuchs ist völlig überrascht, dass ausgerechnet er von den »Bullen« erwischt wurde, ist er doch davon überzeugt, dass er mehr oder weniger alle Situationen im Griff hat: »Mir wird schon nichts passieren«, lautet sein Credo.

Ohne Risiko wird kein Kind erwachsen

Schon die ersten Schritte der Babys enden zumeist mit einer harten Landung auf dem Boden, und damit ist auch das Risiko einer (geringfügigen) Verletzung verbunden. Ob nun unser Nachwuchs versucht, auf einen Baum zu kraxeln oder zum ersten Mal alleine über die Straße zu gehen, immer wieder geht es hier für Eltern darum, das Risiko vernünftig abzuschätzen und die richtige Balance zu finden zwischen einer Überbehütung und einer Vernachlässigung, um dem Kind die Chance zu bieten, bei möglichst geringem Risiko seinem Wissensdrang zu folgen und Neues zu lernen.

In der Pubertät sind die Eltern – vor allem bei den Jungen – dann mit einer gänzlich anderen Dimension von Risiken konfrontiert: Mit dem Risiko massiver gesundheitlicher, in wenigen Fällen auch tödlicher Folgen jugendlichen Leichtsinns, mit dem Risiko einer gröberen

Verletzung rechtlicher Bestimmungen – manchmal auch mit anschließender Verurteilung durch den Strafrichter – und nicht zuletzt auch mit massiven finanziellen Konsequenzen eines jugendlichen Fehlverhaltens.

Die Neigung vieler Jungen zu einem riskanten Verhalten beginnt schon früh in der Grundschulzeit, wenn Jungen auf dem Schulweg versuchen, die Straße zu queren, und das bei einem möglichst knappen Abstand zwischen zwei Fahrzeugen. Der Höhepunkt liegt bei den Jungen in der Pubertät, bleibt ungefähr bis zum zwanzigsten Lebensjahr hoch und nimmt – jedenfalls im Durchschnitt – mit zunehmendem Altern ab.

Tödliche Verletzungen bei Kindern und Jugendlichen sind vor allem auf »Mutproben« zurückzuführen: U-Bahn-Surfen, bei Rot eine viel befahrene Straße queren, über die Autobahn laufen, auf Autobahnbrücken balancieren und Ähnliches. Solche hochriskanten Verhaltensweisen zeigen vor allem Jungen. Auch bei den Mädchen sind Mutproben bekannt, aber mit deutlich geringerem Verletzungsrisiko.

Die amerikanische Forscherin Pirker kommt zu dem Ergebnis, dass junge Menschen, die törichte oder auch absurde Risiken eingehen, fast immer männlich sind und genau wussten, dass es keine gute Idee war, ein solches Risiko einzugehen. Und auch eine Analyse von 150 Studien, in denen das Risikoverhalten von Männern und Frauen untersucht wurde, zeigt die großen Unterschiede zwischen den Geschlechtern. Lediglich beim Rauchen, Trinken und beim Sexualverkehr unterscheidet sich die Risikobereitschaft der Männer nicht ganz so deutlich von der der Frauen.

Ein Blick ins Geburtenregister zeigt: Es werden deutlich mehr Jungen als Mädchen geboren. Das ist die gute Nachricht. Die schlechte Nachricht: Wir verlieren deutlich mehr Jungen als Mädchen in der Pubertät und im frühen Mannesalter durch ein hochriskantes Verhalten.

Was ist so reizvoll an riskanten Manövern?

Gegen Monotonie und Langeweile: Der Reiz des Neuen

Eine wunderschöne, neue Schule mit Flachdach, aber nach einiger Zeit: immer die gleichen täglichen Rituale, die gleiche Abfolge der Unterrichtsstunden, der Prüfungen und der Schularbeiten. Da muss doch endlich mal etwas passieren, mögen sich da einige Burschen gedacht haben. Jedenfalls standen an einem schönen Sommermorgen die Möbel einer kompletten Schulklasse – weithin sichtbar – auf dem Flachdach.

Was hat also diese Jugendlichen zu diesem vergleichsweise harmlosen Streich getrieben? Vielleicht doch die Vorstellung, einmal nicht in der Klasse, sondern auf dem Dach unterrichtet zu werden? Oder zumindest eine Unterbrechung der normalen Routine in ihrem Schulalltag, vielleicht aber auch die Spannung, wie jetzt die Lehrerinnen und Lehrer reagieren würden, ob es ihnen gelingen würde, die wahren Täter ausfindig zu machen?

Was unsere Mädchen und Buben zu allen möglichen Streichen und anderem Unfug in der Schule treibt, ist vor allem die Vermeidung von Monotonie und Langeweile, das Streben nach neuen Reizen. Es geht dabei um das Gefühl von Erregung und Spannung, das Bedürfnis nach neuen Eindrücken und darum, etwas gänzlich Neues zu erleben, Grenzen auszutesten. Mit solchen eher harmlosen Späßen sind kaum nennenswerte Risiken verbunden – vielleicht wird man den versäumten Unterricht nachholen müssen, aber das wäre der Spaß allemal wert. Pech aus der Sicht der Jugendlichen wäre es, wenn die Schule völlig gelassen reagieren würde, also einfach ohne erkennbaren Ärger die Kinder bitten würde, alles wieder auf seinen Platz zu rücken, um dann die versäumte Unterrichtszeit einfach nachzuholen. Aber in diesem Fall kamen die Jugendlichen voll auf ihre Kosten: Die Polizei wurde gerufen, der Direktor wollte Fingerabdrücke nehmen lassen, was sich dann als undurchführbar erwies, weil zu viele auf den Tischen waren. Die Schülerinnen und Schüler wurden vernommen, hielten aber zusammen wie Pech und Schwefel. An diesem Vormittag war also alles anders als sonst in der Schule, und man kann schon darauf gespannt sein, was diesen Kindern als Nächstes einfallen wird.

Man kann es nicht oft genug betonen, wenn Kinder mit ihrem Unfug, mit Schimpfworten oder Ähnlichem vor allem Aufmerksamkeit und Abwechslung erzielen wollen, dann ist es das Beste, ihnen diese zu entziehen.

Nicht nur viele Kinder, auch Erwachsene lieben Sensationen

Menschen unterscheiden sich in ihrem Bedürfnis, der Monotonie des täglichen Einerleis zu entfliehen, um Neues, Interessantes, vielleicht sogar Aufregendes zu sehen, zu erleben. Was, so mag man sich fragen, veranlasst viele Menschen dazu, bei einem Autorennen monoton im Kreis fahrenden Rennautos zuzuschauen, um am Ende den Sieger dieser eher langweilig anmutenden Prozedur zu feiern? Ist es nicht auch die Aussicht, dass etwas Aufregendes, Sensationelles passieren könnte, die Möglichkeit zum Beispiel, live Zeuge eines dramatischen Unfallgeschehens zu werden, wenn ein Fahrer vielleicht einmal die Kurve nicht so recht erwischt?

Oder denken Sie an die schönste Zeit im Jahr, an Ihren Urlaub: Auch hier werden einige Menschen vor allem neue Länder und ihre Kulturen kennenlernen wollen, andere hingegen fahren Jahr für Jahr ins gleiche Ferienhaus und genießen die Monotonie.

Das Spiel mit der Gefahr

Der Direktor eines Gymnasiums war dafür bekannt, dass ihm Ordnung und Sauberkeit in seiner Schule besonders wichtig waren, und so ärgerte er sich gewaltig, als an einem Morgen, genau vor seiner Türe, die weiß getünchte Wand mit schwarzer Farbe verunziert war. »Ich liebe dich, kleine Tänzerin, und du?« war deutlich zu lesen. Der Täter konnte zum Ärger des Schulleiters nicht ausfindig gemacht werden, und so wurden schnell die Maler bestellt, die mit großer Akribie den ursprünglichen Zustand der Wand wiederherstellten. Am nächsten Morgen hatte der jugendliche

Spaßvogel erneut zugeschlagen. Nun stand erneut ein Spruch auf der frisch bemalten Wand: »Ich liebe dich aber immer noch, kleine Tänzerin.« Aber dieses Mal wurde er erwischt, es gab eine Schulkonferenz, die zu dem Ergebnis kam, dass der Schüler von der Schule ausgeschlossen werden sollte. Es gab eine Strafanzeige wegen der Sachbeschädigung und Schadenersatzansprüche, um die Kosten für den Maler abzudecken.

Im Gegensatz zum vorangestellten Beispiel war hier ein Schaden entstanden, und man kann davon ausgehen, dass ein Jugendlicher durchaus weiß, dass so etwas verboten ist und dass er mit unangenehmen Folgen rechnen muss, wenn er als Täter entdeckt wird. Man kann sich aber auch ganz gut vorstellen, dass der Schüler neben dem Spaß an seinen Sprüchen vor allem auch das damit verbundene Risiko genossen hat. Er war immer dem wenig geliebten Schulleiter einen Schritt voraus, er wird ihn nie erwischen, da war er sich ganz sicher, ein tolles, wenn auch trügerisches Gefühl!

Einigen Menschen genügen neue, abwechslungsreiche Erlebnisse nicht, zum Reiz des Neuen muss auch noch ein Risiko kommen, um so richtig angeregt zu sein, um die Welt um sich herum so richtig zu vergessen, wie zum Beispiel auch beim Glücksspieler, beim Extremkletterer oder Fallschirmspringer. Man kann dabei immer etwas verlieren, sein Geld, seine Gesundheit und sogar das eigene Leben. Diese Gruppe von Menschen ist meistens männlich und jung.

Andere Menschen finden es eher angenehm, wenn alles so bleibt, wie es ist, sie planen langfristiger, mögen keine schnellen Entscheidungen, fühlen sich eher beunruhigt, wenn sich überraschend etwas ändert. Vor allem aber scheuen sie das Risiko, sie leben eher nach dem Motto: »Der Spatz in der Hand ist mir lieber als die Taube auf dem Dach.« Mädchen und Frauen gehören eher zu dieser Gruppe.

Die Tätigkeit kann ganz einfach Spaß machen

Ein Vater brachte seinem vierzehnjährigen Sohn und seinem Freund im Urlaub auf dem Land das Autofahren bei. Die beiden Jungen waren begeistert. Zunächst wurde auf kleinen Feldwegen geübt, aber bald genügte das nicht mehr, man fuhr auch auf wenig befahrenen Landstraßen und zuletzt auch auf der Autobahn. Am Ende der Ferien gratulierte der Vater den beiden Halbwüchsigen: »Super, ihr könnt jetzt richtig Auto fahren.« Ist es ein Wunder, dass diese beiden – trotz des strengen Verbotes, alleine zu fahren – nachts heimlich die Straßen in ihrer Umgebung unsicher machten, dass, man muss schon sagen Gott sei Dank, diese Kinder auf einen Hydranten krachten und die Polizei diesem Treiben ein jähes Ende setzte?

Wenn wir von dem völlig unverantwortlichen Verhalten dieses Vaters einmal absehen, dann wird deutlich, dass es nicht nur der Wunsch ist, der täglichen Routine und Langeweile zu entfliehen. Meistens kommen auch noch andere Aspekte hinzu. Wenn man zum Beispiel an Jugendliche denkt, die über die Autobahn »brettern«, an Schifahrer, die sich in riskanter Weise den Hang hinunterstürzen, an Mountainbiker, Surfer oder Extremkletterer, dann kann man davon ausgehen, dass die Tätigkeit als solche für die Burschen reizvoll ist. Vor allem dann, wenn schon – wie bei unseren Vierzehnjährigen – eine gewisse Routine vorhanden ist und ein Schritt dem nächsten mehr oder weniger automatisch folgt. Wenn also das Surfen, Schifahren, Autofahren oder Klettern weder zu leicht noch zu schwer für die Jungen ist und sie ganz in ihrer Tätigkeit aufgehen können. Der Jugendliche kann sich dann in einer Art »Rausch« befinden: Er ist so von seiner Tätigkeit absorbiert, dass gute Vorsätze oder die elterlichen Ermahnungen komplett ausgeschaltet sind.

Forscher gehen davon aus, dass heimliche »Spritztouren« in der Pubertät häufiger vorkommen, als man glaubt. Genaue Zahlen sind – verständlicherweise – nicht bekannt.

Dem Risiko steht ein Gewinn gegenüber

In den vorangegangenen Beispielen steht dem von den Jugendlichen eingegangenen Risiken kein Gewinn gegenüber – im Gegenteil: Ein Extremkletterer etwa wird noch einige Kosten in sein waghalsiges Unternehmen stecken und vielleicht auch lange Anfahrtswege in Kauf nehmen müssen. Wenn wir aber an Jugendliche denken, die Alkohol oder Drogen konsumieren, die ungeschützten Sexualverkehr praktizieren, dann geht es vor allem um ein rationales Kalkül. Sei es, dass der Alkohol ganz einfach gut schmeckt, dass ein Bursche einmal ausprobieren möchte, wie es ist, einen Rausch zu haben, dass man mit dem Konsum von Alkohol oder Drogen anderen Jugendlichen imponieren will oder Ähnliches.

Wissen diese Hasardeure noch zu wenig über die Folgen ihres Handelns, fehlen ihnen Informationen darüber, dass unangemessener Alkoholkonsum, Zigarettenkonsum, ungeschützter Sexualkontakt massive gesundheitliche Folgen haben können, dass der Konsum von Drogen, dass Diebstahl und Ähnliches verboten ist?

Eine wissenschaftlich fundierte Befragung von Jugendlichen zeigt das Gegenteil, die Teenies verfügen zum Teil sogar über ein umfangreicheres und fundierteres Wissen über Risiken als ihre Eltern. Aufklärungskampagnen helfen hier in der Regel wenig. »Das mag ja für die anderen gelten«, denken sich vermutlich viele Jungen, »mir wird schon nichts passieren«.

Einschränkend wird man hier zugeben müssen, dass eine solche Naivität des Denkens auch manchmal noch bei Erwachsenen zu beobachten ist, die sich zum Beispiel nach wie vor betrunken hinter ihr Steuer setzen. Auch sie sind überzeugt, dass ihre Reaktionsfähigkeit – im Gegensatz zu allen anderen – durch den Konsum von Alkohol nicht beeinträchtigt ist, dass schon nichts passiert, dass sie im Gegensatz zu den anderen schon nicht von den »Bullen« erwischt werden und so weiter und so weiter, und sie sind dann bass erstaunt, warum ausgerechnet ihnen dann doch ein tragischer Unfall passiert. Keine guten Vorbilder für unsere Heranwachsenden.

Nicht alle Jungen neigen zu einem Risikoverhalten

Schon bei den Fünf- bis Sechsjährigen erkennt man, dass einige Jungen Risiken eher scheuen, andere das Risiko eher suchen. Gredler untersuchte 4.720 Kinder aus Österreich und kommt zu dem Ergebnis, dass es vor allem der Typ des »quirligen Draufgängers« ist, der in besonderer Weise gefährdet erscheint. Aber auch hyperaktive Burschen haben ein viermal so hohes Risiko, etwa einen Verkehrsunfall zu erleiden.

Computerspiele – das simulierte Risiko, ein Nervenkitzel, den man leicht überleben kann?

Können Computerspiele unseren Jungen davon abhalten, sich in gefährliche Abenteuer zu stürzen, weil sie ihre Abenteuer im geschützten Bereich ihres Kinderzimmers erleben, oder können vor allem Ego-Shooter-Spiele selbst zur Gefahr werden? Ist es nur so, dass Buben, die in früheren Zeiten im Freien Stöcke als »Gewehre« benutzten, um aufeinander zu »schießen«, heute in ihren Kinderzimmern Ähnliches tun? Wird nicht auch bei einem harmlosen Schachspiel »ein Bauer vernichtet«, ohne dass hier über eine Gefährdung der Jugend gesprochen wurde? Gab es nicht schon einmal eine ähnliche Besorgnis zu Beginn des Fernsehzeitalters und haben sich nicht unsere Kinder schon längst an den klassischen Krimi zur Hauptsendezeit gewöhnt, ohne dass es zu einem Anstieg von Gewalt gekommen wäre? Gab es nicht schon immer die Sorge, dass unsere Kinder verrohen würden, dass wir uns eine Generation von Kriminellen großziehen?

Sind Computerspiele also harmlos?

Fest steht, dass gewalthaltige Computerspiele eine gänzlich andere Wirkung zeigen als zum Beispiel der klassische Krimi im Fernsehen. Beim Krimi wird in aller Regel der Aggressor unsympathisch dargestellt, das Leid seiner Opfer thematisiert und zu guter Letzt erhält der Täter seine gerechte Strafe. Das Kind wird sich also eher mit dem Gesetzeshüter identifizieren und eher sein Verhalten nachahmenswert finden als den wenig attraktiven Übeltäter.

Computerspiele sind hingegen interaktiv, das spielende Kind wird unmittelbar für seine gespielte Gewaltausübung durch Klangeffekte, Punkte oder durch den Zugang zu einem höheren Level belohnt, bei den beliebten »Ego-Shooter-Spielen« nimmt der Spieler direkt die Perspektive der gewalttätigen Spielfigur ein, das Kind kann einzelne Schritte eines Tötungsaktes immer wieder einüben, zum Beispiel: Waffe besorgen, laden, Opfer verfolgen und schießen. Bedenklich erscheint, dass es den Herstellern gelingt, die Gewalthandlungen immer realistischer darzustellen. Das Leid der Opfer und der Angehörigen wird nicht gezeigt, die Opfer sterben – wenig realistisch – in aller Regel sofort, Schmerzen, Leid, Blut des Opfers werden nicht deutlich. Das »Mit-Leiden« mit dem Opfer, das gerade erschossen wurde, wird also erst gar nicht angeregt.

Wer sich seriös mit der Frage der Wirkung solcher Spiele auseinandersetzt, wird bald auf eine Fülle wissenschaftlicher Untersuchungen stoßen, die zu recht unterschiedlichen Ergebnissen führen.

Das liegt vor allem daran, dass der Begriff der Gewalt sehr weit gefasst ist. Einige Wissenschaftler und Wissenschaftlerinnen sprechen schon von Gewalt, wenn jemand einen anderen beleidigt, für andere liegt Gewalt erst dann vor, wenn ein Mensch von einem anderen getötet oder schwer verletzt wird.

Klar ist, dass Jugendliche, ob sie nun mit Stöcken aufeinander schießen oder im Computerspiel andere Menschen oder menschenähnliche Wesen erschießen, im Allgemeinen niemanden schädigen oder verletzen wollen, es handelt sich dabei immer um »Als-ob-Situationen«. Es geht in aller Regel nicht um Aggression, das kann man schon am zumeist fröhlichen Gesicht der Jungen erkennen.

Ganz anders ist die Situation zu beurteilen, wenn sich ein Junge in einer Extremsituation befindet. Wenn er zum Beispiel gedemütigt wurde, seine Freunde ihn verachten, ausschließen, wenn der Junge voller Rachegedanken ist, wenn er niemanden hat, mit dem er sich besprechen kann. Dann scheint mir die zunehmende Realitätsnähe, die eher schon einer praktischen Anleitung zu Gewalt-und Tötungsakten gleicht und die mit den modernen Mitteln der Technik möglich ist, gefährlich zu sein. Ist es dann wirklich ein Wunder, wenn Kinder, um deren moralische Entwicklung sich niemand so recht gekümmert hat, oder auch jüngere Kinder, bei denen die Einsicht in das Unrecht ihres Handelns noch nicht in ausreichendem Maß vorhanden ist, dann zur

Nachahmung angeregt werden, wenn sich möglicherweise unglückliche Lebensumstände häufen und auch noch eine Waffe für das Kind zugänglich ist?

Die Gefahr für unsere Jungen besteht im Allgemeinen eher darin, dass sich Kinder und Jugendliche in der virtuellen Welt verlieren, weil die virtuelle Welt interessanter wird als das wirkliche Leben.

Wenn das Computerspiel zur Sucht wird

Mehr oder weniger alle Untersuchungen zeigen, dass das Spiel mit violenten Computerspielen vor allem für Burschen attraktiv ist. Die Forscher Kassis und Steiner fanden in einer Stichprobe von 816 Jugendlichen in der 9. Schulstufe nur acht Mädchen mit einer Präferenz für gewalthaltige Spiele. Bei diesen Vielspielerinnen zeigte sich eine hohe Akzeptanz von Gewalt, die Mädchen hatten erhebliche Probleme im Umgang mit Gleichaltrigen, den Eltern sowie mit den Lehrerinnen und Lehrern.

Besonders gefährdet sind vor allem folgende Gruppen:

- Jungen, die von sich selbst keine allzu gute Meinung haben, die ihre Schulleistungen und ihre Leistungen im Sport als gering einschätzen, die glauben, dass sie bei den Mitschülern wenig beliebt sind, und die ihr Betragen in der Schule selbst als schlecht bezeichnen. Solche Kinder spielen besonders oft und lange vor allem mit gewalthaltigen Computerspielen.
- Jungen, die ihre Freizeit nicht im Elternhaus, sondern vorwiegend in Cliquen von Gleichaltrigen verbringen. Auch sie neigen zu einem höheren Konsum von Gewaltspielen.
- Jungen, die schon in sehr jungen Jahren mit solchen Spielen beginnen. Sie sind in ihrer moralischen Entwicklung noch nicht so weit, dass sie erkennen könnten, dass zum Beispiel eine dargestellte Gewaltanwendung nicht gerechtfertigt ist, zumal sie ja keine unangenehmen Konsequenzen nach sich zieht.
- Jungen, die oft länger als zwei Stunden täglich spielen und extrem ärgerlich reagieren, wenn Eltern versuchen, die Spielzeit zu beschränken. Die Forscher Buchmann und Funk sehen bei diesen Kindern die Gefahr, dass sich ein Suchtverhalten entwickelt.

Umgekehrt gibt es Schutzfaktoren, die Kinder vor den unerwünschten Wirkungen solcher Spiele bewahren: ein grundsätzlich gutes Verhältnis der Eltern zu ihrem Kind, die Bereitschaft von Eltern, gemeinsam mit ihrem Kind das Spiel anzuschauen oder mitzuspielen, um hinterher mit dem Jungen über das Spiel zu sprechen, und ebenso Maßnahmen, die den Konsum solcher Spiele regulieren.

Allerdings verfügen nur wenige Eltern über entsprechende Kompetenzen. Nach den Untersuchungen von Trudewind und Steckel kannte ein Fünftel der Eltern überhaupt kein Computerspiel und nur 30 Prozent der Mütter und 43 Prozent der Väter spielten hin und wieder mit ihren Kindern solche Spiele. Auch Verbote werden eher selten ausgesprochen, nur 10 Prozent der befragten Kinder kannten solche Verbote.

TIPPS

- Wichtig ist in erster Linie, dass Eltern sich gemeinsam mit dem Kind solche Spiele zumindest anschauen, sich eine persönliche Meinung bilden und dann vor allem *mit dem Kind über die Vorzüge und Nachteile eines solchen Spiels sprechen.* Nehmen Eltern an einem solchen Spiel nur teil oder schauen nur zu, bedeutet das für ein Kind, dass die Eltern mit der Gewaltsituation einverstanden sind, dass sie nichts Abscheuliches, Verwerfliches oder Grausames dabei finden. Hier besteht sogar die Gefahr, dass das Kind sich jetzt noch mehr diesen Spielen zuwendet. Die Eltern müssen also ganz klar begründen, warum sie Spiele mit pornografischem, rechtsradikalem oder gewaltverherrlichendem Hintergrund abscheulich finden. Verhindern werden es Eltern kaum, dass sich Kinder und Jugendliche solche Spiele zum Beispiel auf ihr Handy laden, sie werden also Überzeugungsarbeit leisten müssen.
- Es spricht vieles dafür, die Zeit für den Medienkonsum zu limitieren. Wenn Kinder selbst Vorschläge machen, werden sie sich auch eher daran halten.

Was fördert ein Risikoverhalten bei unseren Jungen?

Die fehlende Anerkennung durch die Gleichaltrigen

Fragt man vor allem die jüngeren Jugendlichen selbst, warum sie Risiken eingehen, die zum Beispiel mit dem Konsum von Drogen verbunden sind, dann wird in erster Linie der Gruppenzwang, der falsche Freundeskreis, der Wunsch nach Anerkennung genannt. Hier kann es dazu kommen, dass Jugendliche sich auch in gefährliche Situationen begeben, die sie noch nicht einschätzen können, um in der Gruppe als »cool« wahrgenommen zu werden.

Jonas war wohl der Einzige in seiner Klasse, der mit seinen 14 Jahren in der körperlichen Entwicklung noch weit zurücklag. Mit seinen rotblonden Locken, seinem pausbäckigen Gesicht und seiner kindlichen Stimme war er der Kleinste in seiner Klasse. Aber er hatte fast immer die besten Noten in den Schularbeiten, und wohl fast jeder Junge in seiner Klasse hatte auch schon mal von seinen überragenden Kenntnissen in Mathematik profitiert, und so nahmen ihn seine Mitschüler auch einmal mit, als man sich abends in einer Kneipe mit den Mädchen traf. Jonas freute sich, aber der Abend begann schon mit einem »Desaster«. Der Türsteher wollte ihn nicht hineinlassen: »Du gehörst um diese Zeit längst nach Hause«, und erst als Jonas seinen Ausweis zeigte, durfte er passieren. Als der Ober die Bestellung für seinen Tisch aufnahm, meinte ausgerechnet sein Freund: »Der Kleine bekommt einen Apfelsaft mit Strohhalm.« Die Tischrunde bog sich vor Lachen und Jonas sagte später, dass er zu diesem Zeitpunkt am liebsten schon nach Hause gegangen wäre, aber dann kam ihm die Idee, das Blatt doch noch zum Guten für ihn zu wenden. »Kann man denn hier nichts Gescheites kriegen?«, fragte er cool. Zwei seiner Mitschüler reagierten gelassen: »Klar doch, Kleiner, wir erledigen das für dich.« Die beiden verschwanden, zerstampften eine Aspirin-Tablette, wickelten sie in Papier und reichten Jonas sein »Rauschgift«. »Hier hast du etwas zum Schnüffeln, danach wirst du dich wohlerfühlen«, meinten seine Freunde. Jonas schnüffelte tatsächlich daran und eine geschwollene rote Nase zeugte noch einige Tage von seinem ersten »Rauschgiftexperiment«.

Jonas hatte ein gutes Selbstwertgefühl entwickeln können. Er war zwar in seiner körperlichen Entwicklung weit zurück, aber er war stolz auf seine schulischen Leistungen, und er wusste, dass auch seine Eltern sein schulisches Engagement schätzten. Außerdem war er wegen seiner Hilfsbereitschaft bei den Klassenkameraden sehr beliebt.

Aber an diesem fatalen Abend wurde ihm wohl bewusst, dass sein kindliches Äußeres ein Makel war, den er im schulischen Bereich wohl kompensieren konnte, nicht jedoch außerhalb, wenn es darum ging, mit den anderen Jungen fortzugehen, Spaß zu haben und die ersten Kontakte zu den Mädchen zu knüpfen. Er wirkte alles andere als männlich, und sein Versuch, sich als »Rauschgiftkonsument« mehr Respekt zu verschaffen, war kläglich gescheitert. Jonas braucht jetzt alles andere als Vorhaltungen, sondern Hilfe.

TIPPS

- Jungen und Mädchen mit einer etwas verspäteten körperlichen Entwicklung haben es in der Pubertät schwer. Junge Mädchen leiden vor allem darunter, dass man ihnen noch nichts zutraut, bei den Jungen ist körperliche Schwäche zumeist mit einem geringen Ansehen in der Peergroup verbunden. Jungen und Mädchen brauchen also vor allem immer wieder die Zusicherung, dass solche Entwicklungsverzögerungen in der Pubertät normal sind, dass sie am Ende jedenfalls durchschnittlich genauso groß und kräftig sein werden, wie die anderen Gleichaltrigen.
- Vielleicht noch wichtiger ist die Zusicherung an unsere Spätentwickler, dass eine verzögerte körperliche Entwicklung nichts mit der geistigen Reife zu tun hat. Das trifft ja auch in unserem Beispiel für den kleinen Jonas zu. Er ist in seinen schulischen Leistungen den anderen Kindern weit voraus.
- Vielleicht wird das unseren gescheiten, aber gescheiterten »Rauschgiftkonsumenten« trösten: Es gibt statisch abgesicherte Erhebungen, die zeigen, dass mehr oder weniger in allen Ländern dieser Welt Frauen sich bei der Wahl ihres Partners eher weniger von kräftigen Burschen beeindrucken lassen, sondern vor allem auf die wirtschaft-

liche Basis achten, also darauf, ob der Zukünftige auch eine Familie ernähren kann. Coole Typen mit Imponiergehabe und geringer Bildung werden eher das Nachsehen haben. Und auch in den Klassenzimmern werden coole Jungen mit ebenso coolen Schulleistungen von den Mädchen mehr bewundert als Schulversager.

Der Jugendliche ist von seinem Leistungsvermögen überzeugt

Wie in Kapitel 4 beschrieben, neigen die Jungen dazu, ihr Leistungsvermögen nicht nur in der Schule zu überschätzen. Und geniale Faulpelze können es durchaus genießen, bis zur letzten aller möglichen Prüfungen fast schon demonstrativ zu faulenzen. Während Vater, Mutter, Omas und Opas schon fiebern, ob er es dieses Mal noch schafft, in die nächste Klasse versetzt zu werden, ist er felsenfest davon überzeugt, dass er alles im Griff hat. Er wird am letzten Tag vor der alles entscheidenden Prüfung beinhart lernen, wenn es sein muss auch die ganze Nacht. Er stellt sich schon vor, wie er dann als strahlender Sieger heimkommt und mit einem »Puh, das war knapp« die frohe Botschaft verkündet. Er wird seiner Familie schon zeigen, was er draufhat. Ein solches Kalkül führt Jahr für Jahr bei vielen Jungen zu Wiederholungsprüfungen und Klassenwiederholungen, schlimmstenfalls auch zum Schulabbruch, eben weil die Jungen zu Fehleinschätzungen neigen, noch kein realistisches Selbstbild haben.

Auch Erwachsene gehen Risiken ein, aber sie können schon besser abschätzen, ob sie ihr Ziel erreichen werden, da sie schon ein besseres Urteilsvermögen entwickelt haben. Ein erwachsener Extremkletterer hat sicherlich alles bestens vorbereitet, er kennt die örtliche Wetterlage, er überlegt sich jeden Schritt, um sein waghalsiges Manöver zu überleben. Er wird nichts dem Zufall überlassen. Mögen sich seine Angehörigen noch so sehr fürchten, er selbst kann gute Gründe dafür anführen, dass er das schaffen wird.

Ob nun unser Faulpelz den Nervenkitzel genießt, bis zur letzten aller möglichen Prüfungen jede Anstrengung zu vermeiden, um quasi auf dem letzten Drücker doch noch das Klassenziel zu erreichen, oder ob unser erwachsener Extremkletterer die Auseinandersetzung mit den

Schwierigkeiten des Bergsteigens reizt – in beiden Fällen steht das Gefühl von Kompetenz dahinter, dieses für die Jungen so typische: »So wie ich gebaut bin, werde ich das schon packen«. Der Erwachsene verfügt über entsprechende Lebenserfahrungen, und er weiß, worauf er sich einlässt. Für Jungen erweist sich dieses Gefühl von Kompetenz oft als trügerisch, manchmal sogar mit tragischen Konsequenzen.

TIPP

- In der Schule kommt zu der Neigung unserer Jungen, sich selbst zu überschätzen, auch noch die in Kapitel 3 beschriebene gesellschaftliche Wertschätzung für Menschen mit einer hohen Intelligenz hinzu. Man kann fast sicher sein, dass Jungen, die in der Schule die oben geschilderten Risiken eingehen, sich zusätzlich einen Gewinn erwarten, nämlich die uneingeschränkte Bewunderung ihrer Eltern für den Burschen, der so gescheit ist, dass er so gut wie gar nicht lernen muss. Machen Sie es also umgekehrt, sprechen Sie mit hoher Achtung von Menschen, die ihr Bestes geben!

Jungen haben gelernt, Angstgefühle nicht zuzulassen

Was schützt den Menschen vor gefährlichen Situationen aller Art? Es ist vor allem das natürliche Gefühl der Angst, welches uns warnt, und hier ist keine übertriebene oder gar irrationale Angst gemeint, sondern eine normale Angst vor Verletzungen, Schmerzen oder vor gefährlichen Situationen, etwa von einer viel zu hohen Brücke in einen Fluss zu springen oder bei spiegelglatter Fahrbahn über die Autobahn zu preschen. Und Ängste aller Art werden – wie bereits in Kapitel 5 besprochen – wohl den Mädchen, nicht aber den Jungen zugestanden. Dieses schon in der Kindheit erlernte Geschlechtsrollenverhalten, man möchte fast sagen, das den Jungen auferlegte Joch, die Signale einer das Leben und die Gesundheit schützenden Angst zu verleugnen und zum Teil lebensgefährliche Risiken nicht zu scheuen, setzt sich auch noch bei den jungen Männern fort. Übermäßiger Alkoholgenuss, PS-starke Autos, riskantes, schnelles Fahren als Demonstration von Männlichkeit führen nach wie vor dazu, dass deutlich mehr junge Männer bei Verkehrsunfällen sterben als Frauen. Nach den Angaben des Statistischen Bundesamtes aus dem Jahre 2006 zum Beispiel starben in Deutschland 6.087 Personen bei Verkehrsunfällen, 4.438 Personen oder 73 Prozent davon waren Männer!

Mit viel Alkohol können Jungen ihre Ängste in den Griff bekommen

Was also tun, wenn den einen oder anderen Burschen doch noch so ein ungemütliches Gefühl von Angst plagt, weil er ganz einfach »Schiss« vor den Folgen hat, wenn etwa die Klassenkameraden eine heimliche Wettfahrt mit entwendeten Autos über die Autobahn planen? Würde er »kneifen«, wäre er bei seinen Freunden »unten durch«, aber zum Glück ist er ja nicht so ganz alleine mit seinem Problem, auch bei den anderen Hasardeuren scheint es nicht nur Draufgänger, sondern auch kleine Angsthasen zu geben, und sie alle kennen ein hervorragendes Mittel, Ängste in Schach zu halten, die innere Unsicherheit souverän zu verdrängen. Mit viel Alkohol im Blut gelingt es ganz leicht, supercool zu wirken. Also wird man sich zunächst gemeinsam in einem Wirtshaus niederlassen und sich Mut antrinken, bis man so richtig in Fahrt ist und sich stark und mutig fühlt.

Statt sich Ängste vor einem Versagen, vor Unfallfolgen, vor den ersten Kontakten mit den Mädchen einzugestehen und darüber zu sprechen, neigen die Burschen dazu, Überlegenheit zu demonstrieren.

Und auch dazu kann so ein richtiges »Besäufnis« dienen: Wer verträgt am meisten, wer traut sich schon, härtere Getränke zu konsumieren?

Die »Karriere« zukünftiger Alkoholiker – vor allem bei den Jungen – beginnt oft schon in den frühen Lebensjahren, zwei Drittel aller Alkoholkranken sind Männer.

TIPPS

- Sprechen Sie mit Ihrem Sohn darüber, dass es kein großer Entwicklungsfortschritt wäre, wenn er sich von der Abhängigkeit seiner Eltern löst, um dann von seiner Peergroup abhängig zu werden. Ermuntern Sie ihn also zu autonomen Entscheidungen und auch zu einem risikobezogenen Selbstbild. Also etwa so: *»Ich bin eigentlich nicht wirklich bereit, sinnlose Risiken einzugehen, um bei meinen Freunden mehr Anerkennung zu finden. Ich bin gut in Mathe und da finde ich genügend Anerkennung bei meinen Freunden. Oft waren schon einige meiner engsten Freunde froh, wenn ich Nein gesagt habe, weil es ihnen dann auch leichter fiel, nicht mitzumachen.«*
- Wer sein Kind vor den gesundheitlichen Folgen von Alkohol-, Drogen- oder Zigarettenkonsum schützen will, sollte möglichst nicht mit den langfristigen Folgen argumentieren. Die Jugendlichen leben im »Hier und Jetzt«. Was in einem späteren Lebensabschnitt passieren könnte, hat für sie kaum eine Bedeutung. Sagen Sie also statt »Du trinkst erheblich zu viel, du könntest später abhängig werden« eher»Igitt, deine Alkoholfahne stinkt widerlich«.

Die Flucht vor der unerfreulichen Wirklichkeit

Ganz anders ist der Fall zu betrachten, wenn ein junger Mensch einer unerfreulichen Lebenssituationen entfliehen will. Wenn zum Beispiel ein Jugendlicher einen wegen Lawinengefahr gesperrten Hang hinunterdüst oder von einer hohen Brücke in einen reißenden Fluss springt und keine Ahnung über Strömungsverhältnisse oder überhaupt davon hat, wie er wieder an Land kommen könnte, dann kann man davon ausgehen, dass ihm klar ist, dass er das Risiko für Leib und Leben nicht durch die eigenen Fähigkeiten unter Kontrolle halten kann, sondern das Ergebnis des riskanten Manövers vom Zufall abhängt. Hier geht es schon mehr um einen Selbstmordversuch, und man sollte nicht zögern, so schnell wie möglich professionelle Hilfe in Anspruch zu nehmen.

Hat die hohe Risikobereitschaft unserer Söhne nur Nachteile?

Untersuchungen zeigen, dass sich waghalsige Teenager normalerweise nicht kopflos in eine Gefahrensituation begeben. Sie kalkulieren sehr wohl, welche Vorteile sie sich versprechen, welche Risiken damit verbunden sind und wie hoch die Wahrscheinlichkeit ist, etwa bei einer Straftat erwischt zu werden. Nur, die Gefahr bei unseren jungen Hasardeuren ist – wie bereits in Kapitel 3 beschrieben –, dass die Jungen mehr als die Mädchen dazu neigen, ihre Fähigkeiten zu überschätzen. Es verbindet sich so in unglücklicher Weise einerseits dieses prickelnde, anregende Gefühl, das mit Risiken verbunden sein kann, mit einer Selbstüberschätzung. Beim S-Bahn-Surfen, beim Koma-Trinken, bei Wettfahrten auf der Autobahn und Ähnlichem kann man durchaus davon ausgehen, dass die Jugendlichen glauben, dass ihnen schon nichts passieren wird, dass sie die Situation schon noch im Griff haben. Leider führt dieser jugendliche Leichtsinn oft zu massiven gesundheitlichen Folgen, zu Gesetzesübertretungen mit strafrechtlichen Konsequenzen oder manchmal auch zum tragischen Tod eines jungen Menschen.

Sobald unser Sohn jedoch als Erwachsener Verantwortung übernimmt, als Geschäftsmann, als Forscher oder Chef eines größeren Unternehmens, kann eine gewisse Bereitschaft zum Risiko auch Vorteile haben. Ein Geschäftsmann zum Beispiel, der mit einer neuen Strategie »alles auf eine Karte setzt«, geht auch das Risiko des Scheiterns ein, aber seine Überlegungen sind wohl realistischer. Der Leichtsinn, der für Jugendliche typisch ist, liegt hinter ihm, und ein Notfallplan für sein mögliches Scheitern wird wohl auch in seinem Kopf vorhanden sein.

Oder man denke nur an ein ganz gewöhnliches Bewerbungsgespräch: Ein Mädchen wird, wenn es die Stelle gerne haben möchte, vergleichsweise schnell auf ein Angebot mit geringem Lohn eingehen, ein Junge in der gleichen Situation würde eher dazu neigen, beinhart zu verhandeln, um einen höheren Lohn zu erreichen, auch wenn damit das Risiko verbunden ist, dass er letztlich bei der Vergabe eines attraktiven Jobs nicht berücksichtigt wird. Die vergleichsweise geringere Entlohnung von jungen Frauen bei gleicher Tätigkeit hat auch etwas damit zu tun, dass Frauen stärker dazu neigen, Risiken zu vermeiden.

Eines steht wohl fest: Ein Junge, der in seiner Jugend ein deutliches

Bedürfnis nach Risiken erkennen lässt, den es reizt, den Weg der Routine auch einmal zu durchbrechen, der Neues ausprobieren möchte, ist wohl wenig geeignet, sein zukünftiges Leben als Schalterbeamter zu verbringen. Auch auf die Karriere eines Lehrers sollte er verzichten, jedenfalls solange die Schulbürokratie im Lehrer nach wie vor den an die Gesetze gebundenen Beamten sieht, dem im schlimmsten Fall sogar ein Disziplinarverfahren drohen kann, wenn er neue pädagogische Wege probieren möchte, die sinnvoll erscheinen, aber irgendwelchen Verordnungen nicht entsprechen.

Angeboren oder anerzogen?

Mädchen und Frauen sind im Allgemeinen wesentlich vorsichtiger als Jungen: Sie wägen bei Risiken sorgfältiger ab, sie überlegen, ob es sinnvoll ist, alles auf eine Karte zu setzen, sie denken eher an langfristige Folgen.

Wenn wir an unsere tierischen Ahnen denken, dann war es für die weiblichen Tiere von großem Vorteil, wenn sie vorsichtiger waren, sind sie doch in den meisten Fällen für die Aufzucht des Nachwuchses verantwortlich. Ihr eigener Tod hätte mehr oder weniger auch den Tod der nächsten Generation zur Folge gehabt. Sich tarnen, ein möglichst unauffälliges Gefieder bei den Vögeln, Vorsicht beim Verlassen der Brutstätte und vieles mehr brachte – wenn man an die Erhaltung der Art denkt – Vorteile. In der Steinzeit waren unsere Vorfahren Jäger und Sammler. Mutige Männer, die sich nicht scheuten, mit den – aus heutiger Sicht – primitiven Werkzeugen auch wilde, gefährliche Tiere zu jagen und zu erlegen, sicherten das eigene und das Überleben der nächsten Generation vor allem durch ein reichhaltiges Nahrungsangebot.

Darüber hinaus brachte aber auch das für viele Jungen typische Bedürfnis, aus der Monotonie des täglichen Einerleis auszubrechen, sich nicht zufriedenzugeben mit dem, was man hat, sondern Neues zu entdecken, große Vorteile. Neue Lebensräume wurden zum Beispiel auf diese Weise gesucht und erschlossen, das Feuer wurde nicht nur gefürchtet, sondern unsere mutigen Vorfahren fingen an, damit zu experimentieren, um es schließlich in den Dienst der Menschheit zu stellen. Allerdings brachte dieses risikoreiche Agieren unserer Vorfahren nur dann einen Vorteil, wenn vorher ein sinnvolles Abwägen von möglichen Vorteilen und Risiken damit verbunden war. Hier hatten die ältesten und erfahrensten Mitglieder eines Stammes das letzte Wort und nicht die jugendlichen Draufgänger. Gefragt waren damals wie heute risikobereite Männer mit einem realistischen Einschätzungsvermögen.

Es ist also nicht ganz auszuschließen, dass genetische Prädispositionen nach wie vor für unser Verhalten mitverantwortlich sind. Die Lebensbedingungen der Menschen haben sich schnell und dramatisch geändert, aber unsere Vorstellungen haben sich nicht so schnell an die Veränderungen in der Umwelt angepasst.

Aber man wird sich mit einem »So sind eben die Burschen, da kann man nichts machen« nicht abfinden müssen. Schließlich wollen wir ja, dass unsere Söhne die Zeit der Pubertät möglichst unbeschadet überstehen.

Wie können wir gefährdete Jungen besser schützen?

Wir sollten den Schutzschirm über gefährdete Jungen nicht so schnell schließen

Die Jugendlichen sollten jetzt nicht den Rückhalt und die Unterstützung ihrer Eltern verlieren

Ein Patentrezept, wie man die Heranwachsenden besser schützen kann, gibt es nicht, aber man kann das Risiko für den Sohn senken. Eines zeigen die Untersuchungen zum Risikoverhalten der Jugendlichen deutlich: Jugendliche, die zu ihren Eltern auch in der Pubertät ein gutes Verhältnis haben, zeigen eine deutlich geringere Neigung zum Risiko.

In Kapitel 6 wurde bereits ausführlich beschrieben, dass der Königsweg in der Pubertät das ist, was man unter einem grundsätzlich wertschätzenden Umgang mit dem Nachwuchs versteht. Man wird also immer auf bestimmten, den Eltern wichtig erscheinenden Regeln bestehen, aber gleichzeitig auch immer bereit sein, sich mit dem Nachwuchs auseinanderzusetzen, wenn die Regel auf Widerstand stößt.

Das ist schon bei den Mädchen nicht immer ganz leicht, aber bei den Buben kommen noch Kommunikationsschwierigkeiten dazu. Da kann dann die Auseinandersetzung mit dem Sohn auch mal aus den Fugen geraten.

Während wir beim Mädchen in aller Regel schnell merken, dass die Tochter sich schämt, vielleicht den Blick senkt und errötet oder eher unglücklich wirkt, wenn man auf einen Regelverstoß ärgerlich hinweist (z. B.: »Warum kommst du erst jetzt zum Essen, alles ist schon kalt, und ich hab extra für dich dein Lieblingsessen gekocht?«), wird ein Bub sich eher nichts anmerken lassen. Wir werden eher in ein ziemlich ausdrucksloses, cooles Gesicht blicken, und man gewinnt dann schnell den (möglicherweise falschen) Eindruck, dass ihm die Vorhaltungen ziemlich gleichgültig sind.

Es kann aber auch sein, dass unser Sohn eigentlich nur unglücklich ist, dass er seine Mama verletzt, ihr Kummer bereitet hat. Aber so ein heranwachsender Held kann das natürlich weder zeigen noch zugeben, und es kann jetzt leicht sein, dass er höchst ärgerlich, verletzend reagiert, möglicherweise auch »ausrastet«, weil das jedenfalls dem Heldenstatus nicht widerspricht.

Die von den Eltern gewünschten, wertschätzenden Gespräche mit dem Heranwachsenden können so schnell eine eher verletzende Richtung nehmen. Nicht ganz leicht für Eltern: Die jungen Herren dulden keine Kontrolle mehr, sie erwarten zwar jede finanzielle Zuwendung, eine Belohnung für Eltern in der Form besonderer Zuneigung, Zärtlichkeit oder gar Dankbarkeit ist aber kaum zu erwarten. Doch die Jugendlichen profitieren von solchen Reibereien ganz erheblich, vor allem wenn es den Eltern gelingt, weiterhin Grenzen zu setzen, die Einwände des Nachwuchses in ihre Überlegungen miteinzubeziehen, gemeinsame Kompromisse zu finden, kurz gesagt, den Heranwachsenden so zu behandeln wie einen lieben Freund.

Ganz nebenbei lernen die Jungen etwas, was man heute gerne mit dem Stichwort »soziale Kompetenz« bezeichnet. Sie lernen, dass man mit angemessener Wortwahl mehr erreicht als mit Wutausbrüchen, dass ein guter Kompromiss manchmal mehr wert ist als ständige Streitereien. Vielleicht erkennen sie schon bald an der Mine von Papa, wann die Grenze des Machbaren erreicht ist, oder sie bemerken, wann sie die Gefühle ihrer Eltern massiv verletzt haben. Die Fähigkeit, mit den Menschen in ihrer Umgebung geschickt umzugehen, ist für unsere Jungen besonders wichtig, weil ihre sozialen Kompetenzen durchschnittlich eher schwächer ausgebildet sind, als dies bei den Mädchen der Fall ist. Der Schulerfolg, aber auch später der berufliche Erfolg kann – bei noch so guten Kompetenzen der Burschen – beeinträchtigt sein, schon alleine dadurch, dass es sozial wenig kompetenten Schülern immer wieder gelingt, die Mitmenschen gegen sich aufzubringen. Aber der hoch geschätzte Schulerfolg oder später der berufliche Erfolg sind wohl nicht das Wichtigste in diesem Leben, um glücklich und zufrieden zu leben. Befriedigende Beziehungen zu den Menschen in seiner Umgebung, gute Freunde zu haben gehört auch zu einem glücklichen Leben.

Eltern hingegen, die – manchmal auch aus einem Gefühl von Hilflosigkeit und Enttäuschung – eher dazu neigen, bei solchen Gesprächen ihre Kinder anzuschreien, zu beleidigen oder gar zu schlagen, bieten ihrem Nachwuchs ein schlechtes Vorbild. Die Jugendlichen reagieren dann in vergleichbaren Konflikten etwa in der Schule auch eher mit Wutausbrüchen, Attacken gegen andere Kinder oder mit Schlagen. Jetzt kann sich dann eine bedenkliche Spirale nach unten entwickeln: Solche Jungen werden dann von ihren Klassenkameraden eher abgelehnt, es kommt schnell zu Leistungsproblemen, sie fühlen sich nicht anerkannt und schließen sich in der Folge anderen, manchmal auch kriminellen Gruppen an. Die Wahrscheinlichkeit ist dann hoch, dass sie sich auch zu kriminellen Erwachsenen entwickeln.

TIPP

- Man sollte sich nicht gleich gekränkt zurückziehen, wenn der männliche Nachwuchs ausrastet und verletzende Worte gegen die Eltern fallen. Noch weniger hilfreich wäre es, wenn der Papa »zurückdonnert« und vielleicht den Jungen anschreit – wahrlich kein gutes Vorbild für den Nachwuchs. Besser wäre es, den Buben gleich zu fragen: »Was ist los, haben wir dich gekränkt, warum bist du so ausgerastet, hast du Kummer, du weißt, du kannst mit uns über alles sprechen?« Erst wenn sich der Sohn geöffnet hat, wenn er darüber spricht, was ihn bedrückt, wird man auch über einen angemessenen Ton mit den Eltern sprechen. Auch pubertierende Söhne müssen noch vieles lernen, aber wir Erwachsenen sind ja nun auch nicht mit 40 Jahren auf die Welt gekommen.

Auch Gesetze können unsere Jungen schützen

Marc hatte bei seinem Freund gespielt und ein wenig die Zeit übersehen, und so radelte er schnell nach Hause. Marc war neun Jahre alt, und was er zu diesem Zeitpunkt noch nicht wusste: Er hätte nach den Bestimmungen im Jugendschutzgesetz bereits um zehn Uhr nicht mehr auf der Straße sein dürfen. Um zehn Minuten nach zehn wurde er von zwei Polizisten auf dem Heimweg angetroffen, sie nahmen ihn mit aufs Revier und seine Eltern mussten ihn dort abholen. »Total übertrieben« fanden die Eltern den polizeilichen Einsatz, aber bei Marc hatte die Aktion mächtig Eindruck hinterlassen. Das wollte er nicht noch einmal erleben, und er hielt sich streng an die gesetzlichen Bestimmungen, die ja zum Schutz der Jugend erlassen wurden.

Es wurde bereits in Kapitel 4 darauf hingewiesen, wie wichtig es ist, dass Kinder zunächst häusliche Regeln lernen, dass sie sich an schulische Vorschriften halten und im Jugendalter auch lernen, allgemeine Gesetze zu beachten.

Jugendschutzbestimmungen schützen tatsächlich in einem gewissen Rahmen unsere Jugendlichen, aber nur dann, wenn auch die Eltern, die wichtigsten Vorbilder für unsere Kinder, sich immer an Gesetze halten. Wenn sich also Papa im Auto über eine Geschwindigkeitsbeschränkung ärgert, weil sie an dieser Stelle völlig unnötig erscheint, dann kann er das dem Sohn auf dem Beifahrersitz ruhig erklären, solange er auch zum Ausdruck bringt, dass das zwar ziemlich ärgerlich sei, aber Gesetz Gesetz sei und alle sich daran halten müssen. Wenn der Vater hingegen gesetzliche Bestimmungen nach »Gutdünken« auslegt und für sich in Anspruch nimmt, dass er sich nur an sinnvolle Bestimmungen hält, dann werden auch die Regelungen des Jugendschutzgesetzes wenig Wirkung für den Sohn haben.

Unsere Jungen wissen natürlich, dass es verboten ist, andere Menschen zu verletzen, zu stehlen, ohne Führerschein mit dem Auto zu fahren und Ähnliches.

Wenn aber ein Jugendlicher zum Beispiel bei einem Schulschikurs eine Flasche Schnaps für die geplante nächtliche »Party« unter seinem

Pullover verbirgt, um sie heimlich aus dem Supermarkt mitzunehmen, dann ist ihm die Bewunderung seiner Klassenkameraden ziemlich sicher. Das Risiko erscheint dem jungen Mann vergleichsweise gering, schlimmstenfalls Ärger mit den Lehrerinnen und Lehrern sowie mit den Eltern. Das sind Jugendliche gewohnt – unangenehm, aber kein wirklich gravierendes Problem.

Was unsere leichtsinnigen jungen Freunde jedoch nicht bedenken, ist, dass aus der anfänglichen Bewunderung sehr schnell auch eine allgemeine Verachtung seiner Klassenkameraden werden kann, wenn er als Dieb erwischt und womöglich von der Schule verwiesen oder gar dem Strafrichter vorgeführt wird.

Wenn Jugendliche einmal mit dem Gesetz in Konflikt geraten sind, wenn sie vielleicht auch die Schule verlassen oder vor dem Richter erscheinen müssen, bedeutet das jedoch nicht, dass man einen heranwachsenden »Kriminellen« in der Familie hat. Zumeist handelt es sich eher um den Versuch, typische Entwicklungsprobleme mit inadäquaten Mitteln zu lösen. Ein Diebstahl zum Beispiel, mit dem ein etwas spät entwickelter Junge seinen Freunden mal so richtig zeigen kann, wie mutig er ist. Untersuchungen zeigen, dass es sich dabei zumeist um vorübergehende Episoden handelt.

TIPP

- Besorgen Sie sich die in Ihrem Wohnbereich geltenden Bestimmungen über den Jugendschutz und sprechen Sie mit Ihren Heranwachsenden darüber. Sprechen Sie auch mit Ihrem Nachwuchs darüber, dass bestimmte Delikte – so sie im Bereich der Schule auffallen – auch zu einem Schulverweis führen können, und sprechen Sie vor allem auch über die gesellschaftliche Verachtung, die ihn treffen könnte. Hier sollte man mit drastischen Formulierungen nicht sparen.

Den Tätigkeitsdrang der Jugendlichen in sinnvolle Bahnen lenken

Im Gegensatz zu unseren Mädchen, die sich in der Pubertät vorwiegend inaktiv verhalten und sich gerne in romantischen Träumereien verlieren, sind unsere Burschen jetzt voller Tatendrang. Sie wollen ihre zunehmenden körperlichen Kräfte endlich nützen, um etwas »Vernünftiges auf die Beine zu stellen«. Eine lange Ausbildungszeit hindert unsere Jungen lange daran, sich zu erproben. So ist es dann auch nicht verwunderlich, wenn eines Tages der Nachwuchs mit wildentschlossenem Gesicht vor Ihnen steht und zum Beispiel meint: »*In Afrika verhungern die Menschen auf der Straße, sie haben keinen Zugang zu einer notwendigen Medizin, und ich sitze tatenlos in der Schule herum und lerne sinnlose Lateinvokabeln, wo es doch weit wichtigere Dinge auf der Welt zu tun gäbe. Ich werde nach Afrika reisen, um dort den Menschen zu helfen, die Schule ist mir egal.*«

Man ist jetzt schnell geneigt, bei diesen oder ähnlichen Äußerungen der Jugendlichen mit einem »*Du spinnst wohl komplett, mach mal erst deinen Schulabschluss, dann sehen wir weiter*« zu reagieren.

Man könnte aber auch den jungen Mann ermuntern, sich zu erkundigen, zum Beispiel bei Entwicklungshilfeorganisationen, wie er sein – im Prinzip ja erfreuliches – Vorhaben realisieren kann. Je mehr Informationen er einholt, umso besser. Er käme auf diese Weise mit Menschen zusammen, die sich ehrenamtlich engagieren, und vielleicht wächst so auch die Bereitschaft, neben der Schule etwas Sinnvolles zu tun. Das Ergebnis seiner Recherchen können wir leicht vorhersehen. Es wird ihm schnell deutlich werden, dass er mit seinen noch nicht vorhandenen Kompetenzen, ohne Ausbildung und ohne Lebenserfahrung den Menschen in ihrer Not eher noch zur Last fallen würde, als dass es ihm gelingen könnte, zu helfen, dass sein Vorhaben in Richtung Abenteuerurlaub geht und nicht viel mit einer sozialen Tat zu tun hat.

Vielleicht wächst aber jetzt auch seine Bereitschaft, sich in der Schule zu engagieren. Wenn er fest davon überzeugt ist, seinen Weg gefunden zu haben, zum Beispiel als Arzt in der Entwicklungshilfe sein Können einzusetzen, dann könnte es gut sein, dass er jetzt mehr Sinn darin sieht, zum Beispiel seine Lateinvokabeln zu lernen.

TIPP

- Erkundigen Sie sich danach, ob und wo sich Jugendliche sozial engagieren können. Hier gleich zwei Möglichkeiten:

- Solche Möglichkeiten bieten zum Beispiel Jugendgruppen beim Roten Kreuz. Neben vielen Projekten und Veranstaltungen lernen hier die Jugendlichen auch etwas über Erste Hilfe (Jugendgruppen zwischen zehn und 14 Jahren).
- Für Burschen ab zehn Jahren bieten sich auch Feuerwehrjugendgruppen an. Hier können schon verschiedene Leistungsabzeichen erworben werden, die dann bei der Ausbildung zum Feuerwehrmann angerechnet werden können.

So steigern Sie das Einschätzungsvermögen Ihres Sohnes

Jungen neigen – anders als die Mädchen – dazu, ihre körperlichen und geistigen Fähigkeiten zu überschätzen, und viele Unfälle mit Jugendlichen sind darauf zurückzuführen, dass sie zum Beispiel von einer viel zu hohen Mauer gesprungen sind oder bei einer Bergtour ihre Kondition überschätzt haben.

Jugendliche, die mehr vor dem Computer oder in der Schule sitzen, haben kaum einmal die Gelegenheit, ihre körperlichen Kräfte in naturbelassener Umgebung zu erproben.

Der Familienausflug am Wochenende bietet hier einen ausgezeichneten Anlass. Nicht auf langweiligen Wanderwegen, sondern eher querfeldein, wo unsere Burschen auch mal auf Bäume kraxeln oder über Bäche springen können.

Gleich mehrere Vorteile bietet auch die Mitgliedschaft in einem Sportverein, es muss ja nicht gleich eine Risikosportart sein. Draufgängerische Jugendliche lernen hier – unter der Aufsicht eines Trainers –, zumindest ihre körperlichen Fähigkeiten etwas realistischer einzuschätzen. Ganz gleich, welche Sportart gewählt wird, irgendwann stoßen sie an ihre Grenzen. Es wird immer andere geben, die stärker, die schneller sind, die mehr Kraft und Kondition haben, ebenso wie andere, die auch schwächer sind.

TIPPS

- Jugendliche lernen dabei auch, dass man sportliche Fähigkeiten vor allem durch diszipliniertes Training verbessern kann. Diese basale

Erfahrung, dass Selbstdisziplin und Zähigkeit zu vorher kaum für möglich gehaltenen Erfolgen führen können, hat schon so manchen Faulpelz dazu veranlasst, in der Schule Ähnliches zu versuchen.

- Rauchen, Trinken oder gar Drogen sind in sportlich orientierten Kreisen eher tabu (sofern Spitzensportler nicht gedopt werden). Risiken im Zusammenhang mit Alkohol im Straßenverkehr, Komasaufen, Drogenexperimente sind eher weniger zu befürchten.
- Nicht zuletzt bieten Sportplätze und Trainingslager hinreichend Bewegungsmöglichkeiten für unsere Jungen. Das fördert nicht nur ihre Gesundheit, sondern auch ihre Aufmerksamkeit in der Schule.

So stärken sie die Autonomie ihres Sohnes

Wenn man Jugendliche danach befragt, warum sie lebensgefährliche Risiken eingehen, dann begründen das vor allem jüngere Heranwachsende mit dem Gruppendruck. Gar nicht so leicht, die Jungen zu ermutigen, mehr auf sich selbst und weniger auf die anderen zu hören und einen eigenen Weg zu gehen. Dazu gehört neben einem *stabilen Selbstwertgefühl* auch *die Kompetenz, eigenständige Entscheidungen zu treffen und sie auch vertreten zu können.*

> Eine vierköpfige Bubenrunde sitzt in einem gemütlichen Lokal beisammen, bis plötzlich der vierzehnjährige Peter bemerkt, dass Herr K. seinen Autoschlüssel in seiner Manteltasche an der Garderobe zurückgelassen hat. »Der K. bleibt sicher noch zwei Stunden hier und wir könnten locker inzwischen eine Spritztour mit seinem Superschlitten veranstalten. Wir stellen rechtzeitig das Auto wieder an seinen Platz zurück und niemand wird irgendetwas bemerken«, versucht Peter die anderen zu überzeugen.

Die anderen Teilnehmer dieser noch fröhlichen Runde müssen jetzt unter erheblichem Zeitdruck entscheiden, ob sie zustimmen oder ablehnen sollen. Viel wird jetzt davon abhängen, ob zumindest ein Bursche über eine gehörige Portion an Selbstachtung verfügt – »*Auch wenn ich jetzt kneife, werden sie mich nicht verachten, sie achten mich auch, weil man mit mir viel Spaß haben kann, weil ich gut in der Schule bin*« –

und er bei seinen Eltern gelernt hat, dass er mit einer guten Argumentation meistens sehr erfolgreich ist – *»Ich kann ganz gut andere Menschen überzeugen«*. Dann besteht eine gute Chance, dass so ein Junge nicht nur »Nein« sagt, sondern auch gute Argumente ins Treffen führt und so dann auch die anderen Teilnehmer der Runde die gesundheitlichen, rechtlichen und auch die finanziellen Risiken des geplanten Unternehmens bedenken und sich zu widersprechen trauen.

TIPPS

- Räumen Sie Ihrem heranwachsenden Sohn viele Möglichkeiten ein, sich an Entscheidungen innerhalb der Familie zu beteiligen.
- Dort, wo es vertretbar erscheint, sollte er schon bald selbst Entscheidungen treffen dürfen. Auch wenn die »Erbtante« zum Sonntagskaffee einlädt und schon in bedenklicher Weise die Augenbrauen hebt, sollten Eltern den Nachwuchs eher nicht dazu »vergattern«, doch mitzukommen, sondern ihn darin bestärken, gegebenenfalls auch abzusagen und seiner Tante zu erklären, warum er lieber etwas anderes tun möchte.
- Fragen Sie immer wieder nach seinen Argumenten, die für seine Entscheidungen maßgeblich waren.
- Lassen Sie ihm eine Rückmeldung zukommen, wie seine Argumente auf Sie gewirkt haben. Also zum Beispiel: »Das sind sehr einleuchtende Gründe, die du angeführt hast, das kann ich sehr gut nachvollziehen« oder auch »Mit so einer Begründung würdest du dich wohl eher lächerlich machen«.
- Wenn alles genau geregelt und vorgegeben ist, Kinder fast nichts selber entscheiden können, lernen Kinder nicht, auf ihr eigenes Empfinden zu hören und zu argumentieren, warum ihnen etwas nicht passt, sondern sie lernen, sich schnell anzupassen. Manchmal auch mit fatalen Folgen: Lieber einmal ein Weichei als für den Rest des Lebens im Rollstuhl!

Ermutigen Sie also Ihren Sohn, immer dort, wo es möglich ist, auf sein Empfinden zu hören, autonom seine Entscheidung zu treffen und sie zu begründen.

Zum Abschluss

Männlich – weiblich: ein unüberbrückbarer Gegensatz?

In meinem Buch habe ich vor allem die Unterschiede zwischen Mädchen und Jungen in der Schulzeit und deren Wurzeln in der frühen Kindheit herausgearbeitet. Dennoch darf nicht übersehen werden, dass unsere Mädchen und Jungen auch sehr vieles gemeinsam haben: die natürliche Wissbegierde, die Neugier sowie ihre Wünsche nach Zuneigung, Schutz und Anerkennung durch Eltern, Lehrerinnen und Lehrer. Andererseits können sich auch unterschiedliche Neigungen sinnvoll ergänzen, wie zum Beispiel die bei vielen Jungen zu beobachtende Tendenz zum Risiko und die Neigung der Mädchen zur Vorsicht. Völlig unnötig und hinderlich sind zahlreiche gesellschaftliche Klischeevorstellungen darüber, wie sich Mädchen oder Jungen zu verhalten haben.

Zwei Beispiele: Den Mädchen wird nach wie vor subtil vermittelt, dass sie nur fleißig, aber weniger intelligent oder auch weniger wert seien als die Jungen und dass es nicht angemessen sei, auf vielleicht doch vorhandene besondere Fähigkeiten stolz zu sein. Mit nachhaltigen Konsequenzen, die weit in die Berufstätigkeit der Frauen hineinreichen. Von den Jungen wird schon im Volksschulalter erwartet, dass sie ihre wahren Gefühle, etwa Angst oder Trauer, hinter einem stets coolen Gesichtsausdruck zu verbergen haben. Manchmal mit fatalen Folgen, weil Eltern es gar nicht mitbekommen, wie verzweifelt ihr Kind ist.

Eltern, Lehrerinnen und Lehrer können viel dazu beitragen, dass unbewusst vermittelte Klischeevorstellungen endgültig überwunden werden, damit Jungen und Mädchen in der Schule ihr Bestes geben und sich zu stabilen Persönlichkeiten entwickeln können. Dieses Buch soll einen kleinen Beitrag zur Bewusstseinsbildung leisten.

Verwendete und empfohlene Literatur

Kapitel 1

Ainsworth, M., Blehar, M., Waaters, E., Wall, S., 1978, Patterns of attachment. Hillsdale, New York: Erlbaum.
Baum, D., 2006, Elternschaft als Bildungsthema. Linz: Trauner
Bell, S., Ainsworth, M., 1972, Infant crying and maternal responsiveness. Child Development 43.
Bischof-Köhler, D., 2010, Entwicklungspsychologie, Kulturwissenschaften, Biopsychologie. In: Steins, G., (Hrsg.), Handbuch Psychologie und Geschlechterforschung. Wiesbaden: VS Verlag für Sozialwissenschaften.
Bowlby, J., 1995, Elternbindung und Persönlichkeitsentwicklung. Heidelberg: Dexter.
Eaton, W., Enns, L., 1986, Sex differences in human motor activity level. Psychological Bulletin 100.
Sokolowski, K., Heckhausen, H., 2006, Soziale Bindung: Anschlussmotivation und Intimitätsmotivation. In: Heckhausen, J., Heckhausen, H., (Hrsg.), Motivation und Handeln. Heidelberg: Springer.

Kapitel 2

Bischof-Köhler, D., 2010, Entwicklungspsychologie, Kulturwissenschaften, Biopsychologie. In: Steins, G., (Hrsg.), Handbuch Psychologie und Geschlechterforschung. Wiesbaden: VS Verlag für Sozialwissenschaften.
Cross, S., Madson, L., 1997, Models of the self: Self-constructurals and gender. Psychological Bulletin 122.
Goldin, C., Katz, L., Kuziemko, I., 2006, The Homecoming of American College Women: The Reversal of the College Gender Gab. Cambridge: National Bureau of Economic Research.
Greenglass, E., 1995, Geschlechterrollen als Schicksal. Stuttgart: Klett-Cotta.
Karsten, H., 2003, Weiblich – Männlich. München: Ernst Reinhardt.
Mietzel, G., 2002, Wege in die Entwicklungspsychologie. Weinheim: Beltz.
Pirker, S., 2009, Begabte Mädchen, schwierige Jungs. München: Verlagsgruppe Random House GmbH.
Rheinberg, F., 1995, Motivation. Stuttgart: Kohlhammer.

Kapitel 3

Baumert, J., Köller, O., 1998, Nationale und internationale Schulleistungsstudien. Was können sie leisten, wo sind ihre Grenzen? Pädagogik 50.

Blossfeld, H., 2009, Geschlechtsdifferenzen im Bildungssystem. Wiesbaden: VS Verlag für Sozialwissenschaften.

Duckworth, A., Seligman, M., 2006, Self-discipline gives girls the edge: Gender in self-discipline, grades, and achievement test scores. Journal of Educational Psychology 98.

Dweck, C., Davidson, W., Nelson, S., Enna, B., 1978, Sex differences in learned helplessness II: The contingencies of evaluative feedback in the classroom, and III: An experimental analysis. Developmental Psychology, 14.

Eder, F., 1995, Das Befinden von Kindern und Jugendlichen in der Schule. Innsbruck u. a.: StudienVerlag.

Eder, F., 2007, Das Befinden von Kindern und Jugendlichen in der österreichischen Schule. Innsbruck StudienVerlag. (Replikationsstudie)

Faulstich-Wieland, H., Horstkemper, M., 1993, Gleiche oder verschiedene Erziehungsziele für Mädchen oder Jungen. In: Forum Lehrerfortbildung, H 23.

Feierabend, S., Rathgeb, T., 2005, Medienverhalten Jugendlicher 2004. Media Perspektiven 7.

Feil, C., Decker, R., Gieger, C., 2004, Wie entdecken Kinder das Internet? Wiesbaden: VS Verlag für Sozialwissenschaften.

Frasch, H., Wagner, A., 1982, Auf Jungen achtet man einfach mehr. In: Brehmer, I., Sexismus in der Schule. Weinheim: Beltz.

Kasten, H., 2003, Weiblich – Männlich. München: Ernst Reinhart.

Köhler, E., 2008, Computerspiele und Gewalt. Berlin: Springer.

Limbourg, M., Reiter, K., 2010, Verkehrspsychologie. In: Steins, G., (Hrsg.), Handbuch Psychologie und Geschlechterforschung. Wiesbaden: VS Verlag für Sozialwissenschaften.

Metz-Göckel, S., Kauermann-Walter, J., 1992, Geschlechterordnung und Computerbildung. In: Kreienbaum, Metz-Göckel, (Hrsg.), Koedukation und Technikkompetenz von Mädchen. Weinheim: Juventa.

Mietzel, G., 2002, Wege in die Entwicklungspsychologie. Weinheim: Beltz.

Kapitel 4

Bofinger, J., 2001, Schüler – Freizeit – Medien: eine empirische Studie zum Freizeit- und Medienverhalten 10- bis 17-jähriger Schülerinnen und Schüler. München: kopaed Verlag.

Campbell, A., 2002, A Mind of Her Own: The Evolutionary Psychology of Women. Oxford: University Press.

DeFries, J., Alarcon, M., Olson, R.,1997, Genetische Ätiologie der Lese- und Rechtschreibschwäche. In: Hulme, Ch., Snowling, M., (Hrsg.), Biologie und Kognition Intervention. London: Whurr Publisher Ltd.

Denissen, J., Zarrett, N., Eccles, J., 2007, I like to do it, I'm able, and I know I am. Child Development 78.

Diefenbach, H., Klein, M., 2002, Bringing Boys Back. Soziale Ungleichheit zwischen den Geschlechtern im Bildungssystem zuungunsten von Jungen am Beispiel der Sekundarschulabschlüsse. Zeitschrift für Pädagogik 6.

Duckworth, A., Seligman, M., 2005, Self-discipline outdoes IQ in predicting performance of adolescents. Psychological Science 16.

Duckworth, A., Seligman, M., 2006, Self-Discipline Gives Girls the Edge: Gender in Self-Discipline, Grades and Achievement Test Scores. Journal of Educational Psychology 98.

Eder, F., 1995, Das Befinden von Kindern und Jugendlichen in der Schule. Innsbruck u. a.: StudienVerlag.

Eder, F., 2007, Das Befinden von Kindern und Jugendlichen in der österreichischen Schule. Innsbruck u. a.: StudienVerlag. (Replikationsstudie)

Fromme, J., 2001, Pädagogische Implikationen der Mediennutzung von Kindern. In: Schweer, M., (Hrsg.), Aktuelle Aspekte medienpädagogischer Forschung. Wiesbaden: Westdeutscher Verlag.

Hannover, B., Kessel, U., 2002, Geschlechtsunterschiede beim Lernen. In: Schneider, W., Hasselhorn, M., (Hrsg.), Handbuch der pädagogischen Psychologie. Göttingen: Hogrefe.

Kreienbaum, M., Urbaniak, T., 2006, Jungen und Mädchen in der Schule. Berlin: Cornelsen.

Kunczik, M., Zipfel, A., 2006, Gewalt und Medien. Köln: Böhlau.

Oerter, R., 1987, Jugendalter. In: Oerter, R., Montada, L., (Hrsg.), Entwicklungspsychologie. Weinheim: Psychologie Verlags Union.

Pinker, S., 2009, Begabte Mädchen, schwierige Jungs. München: Verlagsgruppe Random House GmbH.

Schenk-Danzinger, L., 2004, Entwicklungspsychologie. Wien: öbv/hpt.

Kapitel 5

Lozo, L., 2010, Emotionspsychologie. In: Steins, G., (Hrsg.), Handbuch Psychologie und Geschlechterforschung. Wiesbaden: VS Verlag für Sozialwissenschaften.

Milhoffer, P., 2000, Wie sie sich fühlen, was sie sich wünschen. Weinheim: Juvent.

Pollack, W., Parada, E., 2009, Jungen: Was sie vermissen, was sie brauchen. Frankfurt a. M.: Fischer.

Kapitel 6

Bibby, R., Posterski, D., 1985, The emerging generation: An inside look at Canada's teenagers. Toronto: Irwin Publishing.

Bueger, A., 2010, Entwicklungspsychologie. In: Stein, G., (Hrsg.), Handbuch der Psychologie und Geschlechterforschung. Wiesbaden: VS Verlag für Sozialwissenschaften.

Elkind, D., Boven, R., Imaginary audience behavior in children and adolescence. Developmental Psychology 15.

Fend, H., 1994, Die Entwicklung des Selbst und die Verarbeitung in der Pubertät. Bern: Huber.

Kasten, H., 2003, Weiblich – Männlich. München: Ernst Reinhardt.

Lamborn, S., Mounts, N., Steinberg, L., Dornbusch, S., 1991, Patterns of competence and adjustment among adolescence from authoritative, authoritarian indulgent, and neglectful families. Child Development 62.

Mietzel, G., 2002, Wege in die Entwicklungspsychologie. Weinheim: Beltz.

Rheinberg, F., 1995, Motivation. Stuttgart: Kohlhammer.

Schenk-Danzinger, L., 2004, Entwicklungspsychologie. Wien: öbv/hpt.

Steinschaden, J., 2010, Phänomen Facebook. Wien: Ueberreuter.

Kapitel 7

Bofinger, J., 2001, Schüler – Freizeit – Medien. Eine empirische Untersuchung zum Freizeit- und Medienverhalten 10- bis 17-jähriger Schülerinnen und Schüler. München: kopaed.

Byrnes, J., Miller, D., Schafer, W., 1999, Gender Differences in Risk Taking: A Meta-Analysis. Psychological Bulletin 125.

Dietze, K., 2007, Alkohol – kein Problem?. Weinheim: Beltz.

Eagly, A., Wood, W., Johannesen-Schmitt, 2004, Social Role Theory of Sex Differences and Similarities Implications for the Partner Preferences of Women and Men. In: Eagly, A., Beall, A., Sternberg, R., (Hrsg.), The Psychology of Gender. New York: Guilford Press.

Einwanger, J., 2007, Mut zum Risiko. München: Ernst Reinhardt.

Flade, A., 1999, Zu den Ursachen des unterschiedlichen Mobilitätsverhaltens von Männern und Frauen. In: Flade, A., Limbourg, M., (Hrsg.), Frauen und Männer in der mobilen Gesellschaft. Opladen: Leske und Budrich.

Funk, J., Buchman, D., 1996, Playing violent video games and adolescent self-concept. Journal of Communication 46.

Funk, J., 2003, Playing violent video games, desensitization, and moral evaluation in children. Applied Developmental Psychologie 24.

Gredler, B., Schoberberger, R., Kunze, U., Mitsche, N., 1998, Unfallverhütung im Vorschulalter – Beziehungen zwischen Unfallhergang und Persönlichkeit. In: Sozialpädiatrie 20.

Jacobs, J., Ganzel, A., 1993, Decision – making in adolescence: Are we asking the wrong questions? In: Pintrich, P., Maehr, M., (Hrsg.), Advances in Motivation and Achievement.

Kassis, W., Steiner, O., 2003, Persönlichkeitsmerkmale und soziale Erfahrungen von Mädchen, die extensive gewaltdarstellende Computerspiele nutzen. Zeitschrift für Medienpsychologie15.

Limbourg, M., Reiter, K., 2010, Verkehrspsychologie. In: Steins, G., (Hrsg.), Handbuch Psychologie und Geschlechterforschung. Wiesbaden: VS Verlag für Sozialwissenschaften.

Mietzel, G., 2002, Wege in die Entwicklungspsychologie. Weinheim: Beltz.

Moore, S., Gullone, E., 1996, Predicting adolescent risk behavior using a personalized cost – benefit analysis. Journal of Youth and Adoles-cence 25.

Patterson, G., Capaldi, D., Bank, L., 1991, An early starter model for predicting delinquency. In: Pepler, D., Rubin, K., (Hrsg.), The development and treatment of childhood aggression. Hillsdale: Erlbaum.

Pirker, S., 2009, Begabte Mädchen, schwierige Jungs. München: Verlagsgruppe Random House GmbH.

Trudewind, C., Steckel, R., 2002, Unmittelbare und langfristige Auswirkungen des Umgangs mit gewalthaltigen Computerspielen. In: Polizei und Wissenschaft 1.

Vierter Bericht zur Lage der Jugend in Österreich, 2003, Teil B, Prävention in der außerschulischen Jugendarbeit.

Die Autorin

© usm_tone

Dr. Ingid Buschmann

Geboren 1938 in Krefeld. Erziehungswissenschaftlerin, langjährige Elternvertreterin und Pressesprecherin des Bundesverbandes der Elternvereinigungen an Höheren und Mittleren Schulen Österreichs. Sie ist verheiratet, dreifache Mutter und mehrfache Großmutter.

Bei Ueberreuter erschienen: »Der geniale Faulpelz. Warum Kinder lernen – und manche nicht« (2007); »Der unglückliche Schüler. Worunter Kinder leiden und wie Eltern helfen können« (2009)